Ray Eames y Lina Bo Bardi. El viaje como laboratorio

Mara Sánchez Llorens y Fermina Garrido López

Este producto está hecho de
material proveniente de bosques
certificados FSC® bien manejados
y de otras fuentes controladas.

FSC
www.fsc.org
MIXTO
Papel | Apoyando
la silvicultura
responsable
FSC® C107210

Ray Eames y Lina Bo Bardi
El viaje como laboratorio

© del texto
Mara Sánchez Llorens
Fermina Garrido López

© de las imágenes sus autores

© de la edición
© Ediciones Asimétricas, 2018 y 2025
www.edicionesasimetricas.com

Diseño de colección
Toni Cabré

Maquetación
Paula Sagristá Hernández

ISBN
978-84-10065-93-2
Depósito Legal
M-9722-2025

Impresión
Estilo Estugraf Impresores

Impreso en España
Printed in Spain

Primera edición, febrero 2018
Primera reimpresión, abril 2018
Segunda reimpresión, septiembre 2018
Tercera reimpresión, enero 2019
Cuarta reimpresión, abril 2021
Quinta reimpresión, septiembre 2022
Segunda edición, mayo 2025

Índice

Para Ray y Lina

Prólogo

Este libro constituye un viaje de viajes. Un periplo por los trayectos, peregrinaciones y mudanzas realizados por dos creadoras: Ray Eames y Lina Bo Bardi. Viajes que se funden con sus vidas y sus experiencias creativas. Si aceptamos que algunas formas de nuestra creatividad nacen de la pasión por explorar, de la pasión por la ciudad y la arquitectura, por el arte y la naturaleza, por los objetos y por coleccionarlos, al viajar, todas estas pasiones se entrelazan.

La convergencia y la curiosidad por Ray y Lina forjan entre las autoras una red de intereses comunes, de alianzas, incluso de divergencias con las que plantear un proyecto docente y de investigación conjunto que hoy se materializa en este libro. A lo largo de este texto proponemos redescubrir y profundizar en el viaje como modo de desencadenar la invención. Revelar a continuación cómo los viajes de Ray y Lina fueron vitales y profesionales a la vez y alimentaron los universos creativos propios que contribuyeron a que la arquitectura moderna se diluyera en un mar de matices de disciplinas en las que nuestras protagonistas fueron pioneras y en las que volcaron una visión del mundo diferente que nos llega hoy como modelo del que extraer prácticas contemporáneas.

Al viajar, Ray y Lina exploraron la mirada singular de otras disciplinas en torno a los problemas que a veces creemos exclusivos de nuestra práctica arquitectónica. Rebasaron los límites de los itinerarios canónicos y encontraron en los nuevos destinos, de la mano de la antropología, la artesanía, la moda, los espectáculos o el coleccionismo, nuevas fuentes de invención y nuevos procedimientos. De destino en destino, por Estados Unidos, India, Italia, Brasil o Japón, las autoras nos van descubriendo los distintos y fascinantes aspectos de una desbordante actitud creativa que las llevó a compilar objetos procedentes de sus viajes, a exponerlos dentro y fuera del ámbito privado de sus casas, a diseñar muebles y joyas e, incluso, reescribir o filmar bellas historias encontradas en dichos desplazamientos.

Definimos esta sucesión de actividades y ensayos como el *laboratorio vital* de estas arquitectas. Las reflexiones que desencadena este libro surgen de la revisión en paralelo de sus viajes. Al rememorarlos queremos mantener vigente su capacidad de sorpresa con lo cotidiano y su postura activa para participar en el mundo que las rodea.

La vida como viaje

[1] Ray Kaiser a su regreso a Nueva York, c. 1935.
[2] Lina Bo en el jardín de su estudio Bo e Pagani en Milán, 1940.
En ambas imágenes descubrimos la ilusión con la que las dos
jóvenes creadoras afrontan su primera experiencia vital y
viajera. Un mundo lleno de posibilidades se abre ante sus ojos.

La creatividad es inherente a todos nosotros. Todos podemos crear. La mayoría lo hacemos de un modo u otro y no hay duda de que con ello somos felices.

Ya lo proponía Walter Gropius en las primeras palabras de su libro *Scope of Total Architecture*, el volumen en el que describe su concepción de la modernidad a través de su enseñanza:

«La creación y el amor por la belleza son fundamentales en la experiencia de la felicidad».

Creación y belleza son así dos condiciones esenciales en la experimentación creativa y forman parte de los objetivos académicos de las escuelas desde su incorporación a los espacios de formación de vanguardia de principios del siglo XX en Europa y que saltaron a mitad de siglo al continente americano.

Las formas de creatividad que nacen del entusiasmo por investigar se alimentan del viajar como medio que nos revela el mundo. La pasión por descubrir mediante el viaje es el punto de unión entre las dos protagonistas de este libro: Ray Eames (1912-1988) y Lina Bo Bardi (1914-1992). Viajando se entusiasmaron por los paisajes, las ciudades y sus arquitecturas; por las obras de arte y la naturaleza; por los objetos y las artesanías; por coleccionar.

Ray y Lina convirtieron los difíciles destinos vitales de dos mujeres que se incorporaron de manera paulatina a la cúspide de la creatividad en laboratorios de investigación y creación colectiva. Ellas buscaron recorrer los entresijos del ser humano y entenderlos para admirarlos. Viajaron, observaron, aprendieron y transformaron todo lo que las rodeaba para crear nuevos mundos. Para Ray y Lina el mundo era un lienzo enorme en el que pintar y este nuevo mundo creado por ellas fue su testimonio vital.

Ambas comienzan su andadura profesional con un primer traslado. Los destinos escogidos fueron Nueva York para Ray y Milán para Lina. Estas dos ciudades eran centros de pensamiento en aquel momento.

Alexandra Bernice Kaiser, Ray, nace en diciembre de 1912 en Sacramento, California, ciudad que deja en 1931 para comenzar sus estudios de arte en Millbrook. Cuando se gradúa en 1933 en el Bennett College, se muda a Manhattan para formar parte del círculo de estudiantes de Hans Hofmann. Los años de aprendizaje pictórico serán cruciales para el desarrollo de su carrera profesional y, antes de tomar la decisión de volver a su California natal, alcanza un papel protagonista dentro del mundo artístico formando parte del grupo fundador de los AAA (American Abstract Artists) en 1937 [Fig. 1].

Estos años la dotaron de un gran sentido para conocer lo que aporta carácter a una idea, a una forma o a una escultura y cómo los conceptos y los materiales se relacionan entre ellos con un sentido estructural. Este entendimiento del acto creativo era lo que admiraba Charles Eames de Ray y así lo manifestaba siempre que hablaba de ella.

Aquilina di Enrico Bo, Lina, nace en Roma en 1914 dos años después que Ray. Ella recordaba de manera entrañable, en diversos escritos que más tarde se compilaron en un único documento denominado *Curriculum literario*, sus viajes de niña por la costa azul francesa, sus estancias en Abruzzo y las playas italianas como la de Ostia o Rimini, lugares a los que la familia Bo acostumbraba a ir en verano.

Lina se formó como arquitecta en la Escuela Superior de Arquitectura de Roma donde potenció sus habilidades gráficas innatas al servicio de la imaginación. Un año después de su graduación en 1939, que concluye con el trabajo *Núcleo asistencial de maternidad e infancia* rebautizado años más tarde por

17

ella misma como *Un hospital para madres solteras*, decidió viajar a Milán en busca de un panorama cultural más abierto [Fig. 2].

Las siguientes etapas vitales de ambas coinciden con sus proyectos en pareja. En 1946, Lina, junto a su marido Pietro María Bardi, viajó a Brasil en busca de un mundo por construir. Ray y Charles Eames tras su boda en 1941 parten a California, lugar de origen de Ray donde sentían que todos los sueños americanos eran posibles.

En el año 1958 dos viajes vitales y profesionales a la vez volvieron a alimentar y a transformar los universos creativos de Ray y Lina y contribuyeron a que la arquitectura moderna que ellas practicaban se transformara y matizara. Ray Eames inició —junto a Charles— un viaje a la India con el objetivo de elaborar un diagnóstico sobre el estado del diseño en el país. Simultáneamente, Lina Bo Bardi era invitada por la Universidad de Salvador de Bahía. Estos dos viajes tienen en común lo desconocido y exótico de los destinos y el contraste cultural que va a suponer para ambas el descubrimiento de lo diferente y, de manera particular, el hallazgo de ciertas artesanías excepcionales.

En los viajes que realizaron, Ray y Lina descubrieron la mirada singular de tantas otras disciplinas en torno a los problemas que a veces creemos exclusivos de nuestra vocación como arquitectas. Al viajar Lina y Ray fueron otras.

Ellas rebasaron las fronteras de los itinerarios viajeros canónicos y encontraron en los nuevos destinos, de la mano de la antropología, nuevas fuentes creativas y nuevos procedimientos. Esta sucesión de viajes y pensamientos será la que da nombre a nuestro ensayo, el *laboratorio vital* de las dos arquitectas.

Ray y Lina viajaron a los límites entre lo conocido y lo inevitablemente atractivo de lo desconocido. Ver las cosas por primera vez las ayudó a no caer en lo monótono. La modernidad para ellas se había convertido en algo aburrido a mediados de los años cuarenta y ambas quisieron, parafraseando a Ray, convertir el mundo en algo divertido e infantil; ¿qué había de malo en ello? Viajaron con el entusiasmo y el ansia de lo imprevisto. Al viajar crearon y diseñaron objetos que narran historias: muebles, exposiciones, juguetes, cine y teatro. En estas disciplinas nuestras protagonistas fueron pioneras y en ellas se volcaron descubriendo una visión del mundo diferente que nos llega hoy como modelo del que extraer prácticas contemporáneas.

Ray viajó de manera constante entre ambas costas estadounidenses con o sin Charles. Visitó Moscú con motivo de la exhibición que la pareja diseñó y construyó sobre su país. Visitó asiduamente diferentes países europeos y regresó sola a la India en 1970. Tras un primer viaje a Japón en 1962, vuelve en 1978. En sus viajes recopiló objetos variopintos que le sirvieron como material para componer esa imagen continua y en movimiento que era su vida y su casa. Los objetos venían acompañados de una ceremonia, otro evento visual y compositivo, que los dotaba de lugar y sentido. Objetos y ceremonia permitían, al igual que la pintura, recrear sus experiencias del mundo con el deseo de incrementar el placer, expandir las percepciones y enriquecer la vida [Fig. 3].

Lina se trasladó a vivir a Salvador de Bahía de manera provisional en 1957. Se quedó allí seis años. Se encontró, orientada principalmente por Glauber Rocha, con un Brasil desconocido, incluso para los propios brasileños. En 1964 regresa a São Paulo y desde allí recorre otros estados brasileños; regresó varias veces a Italia y viajó a España, Marruecos y Estados Unidos. Todos estos destinos contribuyeron a hacerla como fue.

Lina no pudo desplazarse, al final de sus días a los lugares en los que soñó sus últimas propuestas: Lisboa y Sevilla. En aquellos años le interesaba la

[3] Ray Eames es invitada al Frazier's Art Center a presentar el legado de los Eames a la exposición International Design y los cortos que produjeron mostrados en el Art Center's Williamson Gallery, 1985.

[4] Lina Bo Bardi es invitada por la Facultad de Arquitectura
de São Paulo para hablar de arquitectura, 1990.
La charla fue transcrita por la revista *PROJETO*.

península ibérica porque entendió que esta también formaba parte de Brasil. De la capital portuguesa solía decir que era un espejo de su amada Salvador de Bahía, una ciudad planificada en el territorio estrechamente ligada al peso natural geográfico y que fue la primera capital de Brasil [Fig. 4].

Durante los años en que dirigió el Museo de Arte Moderno de Bahía (1960-1964) mantuvo un estrecho contacto con diversas instituciones japonesas e inició su amistad con Carmen Portinho, otra gran creadora, quien promovió en Brasil en 1963 una singular exposición sobre carteles japoneses. En el Museo de Arte de São Paulo (MASP), Lina, junto a su marido Pietro María Bardi, realizó varias exposiciones sobre artesanía japonesa.

Al final de sus vidas, en 1978, Ray y Lina viajan a Japón. Ambas veían en este país una referencia de lo que entendían como diseño moderno. Fueron viajes reflexivos de madurez pero fascinantes, en los que nos imaginamos que Ray y Lina coincidieron, se conocieron y compartieron sus modos de acercarse al mundo.

Cronología vital viajera

Los viajes señalados en estas cronologías viajeras no son los únicos viajes que realizaron Ray Eames y Lina Bo Bardi. Ambas regresaron repetidas veces a algunos de los destinos señalados; sin embargo recogemos en estas breves cronologías los momentos en los que los lugares apuntados fueron de vital importancia para nuestras protagonistas de cara a nuestro relato.

[5] Retrato de Ray Eames.

Cronología vital viajera de Ray Eames [Fig. 5]

1912 *Bernice Alexandra Kaiser nace en Sacramento, California (15/12/1912)*

1931 *Se traslada a Millbrook, Nueva York para estudiar en la Escuela Bennett*

1933 *Forma parte del círculo de estudiantes de Hans Hofmann en Manhattan*

1936 *Miembro fundadora del AAA en Nueva York*

1941 *Ray y Charles se trasladan desde Míchigan a Los Ángeles*

1949 *Se mudan a su casa en Chautauqua Boulevard, Pacific Palisades, Santa Mónica*

1954 *Primer viaje a Europa*

1957 *Viaje a la India por primera vez junto a Charles*

1959 *Viaje a Moscú para el montaje de la exposición American National Exhibition*

1962 *Viaje a Japón*

1964 *Viaje a India junto con su colaboradora Deborah Sussman*

1970 *Regresa a India*

1978 *Regresa a Japón en solitario para participar en el Encuentro de Intercambio Cultural y de Educación*

[6] Autoretrato de Lina Bo Bardi.

Cronología vital viajera de Lina Bo Bardi [Fig. 6]

1914   *Aquilina Bo Grazia nace en Roma (05/12/1914)*

1940   *Traslado de Roma a Milán*

1943   *Recolecta artesanía italiana mientras sustituye a Gio Ponti como director de Domus*

1946   *Lina Bo se casa con Pietro María Bardi. Juntos regresan a Roma*

1946   *Italia-Rio de Janeiro. Año de traslados*

1947   *São Paulo*

1957   *Nueva York*

1958   *Lina deja São Paulo y se marcha a Salvador de Bahía. Durante cinco años recorre el nordeste brasilero*

1959   *Exposición Bahía no Ibirapuera en São Paulo*

1964   *Tiene que regresar a São Paulo*

1964-70   *Europa: España e Italia*

1975   *Viaja a Marrakech*

1978   *Regresa a Japón para supervisar una exposición de parte del acervo del Museo de Arte de São Paulo*

El viaje como inicio

[7] Artículo del periódico *Folha de São Paulo*,
«O caso das jóias de Lina Bo Bardi».

Toda carta está ligada a la distancia que existe entre las personas que se comunican. Los viajes, desde siempre, generan cartas.

Carta y mapa se confunden al viajar. Al viajar enviamos y recibimos, leemos y escribimos, usamos y creamos cartas. La exploración de lugares desconocidos genera cartas geográficas. Las cartas geográficas, los mapas, sirven para representar de manera traducida y codificada todo tipo de territorios explorados. Nosotras hacemos lo mismo con Ray, Lina y sus viajes. Acudimos de esta manera a nuevas fuentes de investigación, no sustitutivas sino complementarias de las habituales. Nos valemos de sus cartas y sus testimonios para recorrer las realidades que ellas exploraron, las de su propia modernidad. Hacemos de la carta un mapa.

Sus viajes no recorren los lugares de la arquitectura que visitaron los maestros que las precedieron, sino que saltaron por encima de la modernidad para recorrer las narraciones fragmentadas del pensamiento humano colectivo y, de esta manera, cartografiarlo.

La percepción de la realidad tradicionalmente ha quedado recogida en cartas. Algunas han sido un hilo de unión entre quienes exploraron lo desconocido y quienes las recibían. Al volver a cartografiar los viajes de Lina y Ray producimos una nueva carta, un nuevo recorrido de relaciones que nos une con ellas. Las dos cartas con las que comenzamos son muy diferentes entre sí, pero ambas nos transportan a dos momentos iniciáticos de las autoras. Una de ellas escrita, enviada y publicada por Lina; la otra recibida por Ray y suponemos que ambas cientos de veces leídas. En estos dos documentos privados se transmite lo personal, lo sensible y lo cotidiano. La carta escrita por Lina describe su llegada a Brasil. Sus recuerdos de la infancia se dibujan como precedente a su fascinación por las piedras del país carioca, como antecedente perfecto que encaja con su pasión por coleccionar y por diseñar y fabricar joyas.

La carta que Charles escribe a Ray para pedirle matrimonio es el desencadenante de un viaje vital a la costa oeste. A partir de este momento la construcción de una vida comienza para esta pareja de creadores, en la que cada momento se concibe como generador de imágenes diseñadas de un mundo creado por y para la experiencia artística de la pareja.

CARTA DE LINA AL PERIÓDICO
FOLHA DE SÃO PAULO[1]

Traducción de una carta personal de Lina Bo Bardi con motivo del robo de su colección de joyas. El robo se produjo el 29 de noviembre de 1986 (fecha del documento) y se publicó en prensa el 10 de abril de 1989 [Figs. 7 y 8].

29/11/1986

Desde pequeña he guardado cosas: piedrecitas, conchas de las rocas de Abruzzi [región de Italia situada al este de la región del Lazio], *alambres, pequeños tornillos.*

Siendo todavía pequeña, recuerdo que sucedió algo sorprendente mientras mi madre preparaba el asado dominical. Ella se encontró con una bola enorme en el interior del pollo pues tenía en su estómago una serie de cristales y piedras pulidas por el agua y en tonos verdes, rosas, negros,

1. La traducción de este texto forma parte de la tesis doctoral «Objetos y acciones colectivas de Lina Bo Bardi» defendida por Mara Sánchez Llorens en la Universidad Politécnica de Madrid en 2010.

marrones, blancos. Mamá me las regaló y fue el comienzo de mi colección, junto con un saquito con polvo de arroz hecho con acero azul de los cañones alemanes y que mi tía Esterina me dio después de la Primera Guerra Mundial. Yo tenía seis años de edad.

La tía Esterina fue a Nápoles para una prueba estudiantil y cuando regresó me contó que allí los árboles eran todos de color rosa coral y desde aquel instante el color rosa coral pasó a formar parte de mi vida. La tía Esterina, hermana de mi padre, murió antes de los treinta de tuberculosis. Mi amor por las piedras continuó. Cuando tenía 15 años, mi nuevo amor era un escaparate de la Vía Condotti donde siempre estaban expuestas pequeñas joyas antiguas. Por lo menos una vez a la semana, al salir del Liceo artístico de la Vía Ripetta donde estudiaba, pasaba por la Rua Condotti y me paraba en el escaparate; un día el dueño me invitó a entrar y así comenzó mi amistad con el Sr. Rapi que me dejaba manosear piedras y camafeos. Mi gran amor era un pequeño camafeo azul, que brillaba como la aurora, con una cabeza de cachorro. El Sr. Rapi me contó que se trataba de una pequeña joya inglesa que se llamaba Labrador. Así que el labrador azul y el coral rosa pasaron a formar parte de mi vida: eran piedras semipreciosas. El oro, las perlas y los brillantes no me interesaban nada. De adolescente escuchaba al tío 'Natalino' Alberto Simeón [periodista, poeta hoy famoso por sus canciones *Fontana* y *Caseta del Trastévere* entre otras]. *Escuchaba al tío 'Natalino' hablar de un hombre loco, director de la Galería Roma, que se llamaba P.M. Bardi. Para nosotros era de lo más vanguardista.*

Yo continuaba enfrentando las piedras a los brillantes: mi gran amor después del labrador fue la malaquita. El verde o el azul eran mis colores. Mi último amor fue la madreperla. Los años pasaron: la Segunda Guerra Mundial, mi formación como arquitecta; todo pasaba rápido. A los 25 años dirigía Domus. Apareció de nuevo en el horizonte P.M. Bardi. Una entrevista para aquella revista y un lindo regalo: un collar de camafeos de coral oscuro y oro que yo tenía fichado platónicamente en Florencia en el Puente Vecchio, en el escaparate de Settepassi, joyeros del Rey de Italia. De esta manera retomé mi amor por las piedras.

Los años pasaron.

En 1947 nos invitaron a vivir en Brasil. P.M. Bardi, mi marido, me regaló una colección de aguas marinas azul noche y otras piedras brasileñas injustamente llamadas semipreciosas. Con la potente ayuda de P.M. Bardi mi colección aumentó, mi amor por el Brasil aumentó tras la fraternal acogida de los grandes arquitectos brasileños Oscar, Dr Lucio, Burle Marx y muchos otros lo que despertó de modo poderoso mi amor por las piedras. Un país con piedras maravillosas como los cristales de cuarzo que uno puede coger con sus manos en el Cerrado de Minas Gerais, en los chapadões[2] en los confines del estado de São Paulo donde, años atrás, Luizz Sadoki, del MASP, y yo encontramos piedras semi preciosas perfectamente pulidas por la naturaleza sirviendo, superpuestas, como fondo para asfaltar la carretera a Itararé. Bien, esta es la historia de un gran collar de aguamarinas el camino recorrido para el lanzamiento de joyas en Brasil, de joyas injustamente llamadas semipreciosas. Una reivindicación ética de la bisutería de oro bajo, bronce, diamantes como carbones, platas crisolitas, cuarzos y berilos de colores, de los ornamentos que marcaron la historia humana desde la antigüedad y que podían haber iniciado un Industrial design de joyas de calidad más allá de los brillantes y oro de las damas. Bien, el discurso podría continuar con las joyas populares del Brasil, las de las ferias y de los vendedores ambulantes (esto debería exponerse en el SESC Pompéia). Pero esa es otra historia.

Lina

2. Cerrados (*chapadões* en portugués) son un tipo de ecosistema de sabana tropical ubicado principalmente en la región centro-occidental de Brasil.

[8] Lina a bordo del barco que la llevó
desde Italia a Brasil, 1946.

CARTA DE CHARLES A RAY[3] [FIG. 9]

Martes

Estimada señorita Kaiser

Tengo 34 años (casi), estoy soltero (de nuevo) y arruinado. Te quiero muchísimo y me gustaría casarme contigo muy muy pronto.* No puedo prometerte que nos mantengamos bien pero, si me das la oportunidad, ten por seguro que lo intentaré.

*pronto quiere decir, muy pronto
¿qué tamaño tiene este dedo?
[Charles lo señala en un pequeño pictograma]
tan pronto como llegue el anillo a ese hospital te voy a escribir montones de cartas, más bien algunas.

Besos xxxxxx
Charlie

3. Carta traducida por las autoras de este libro.

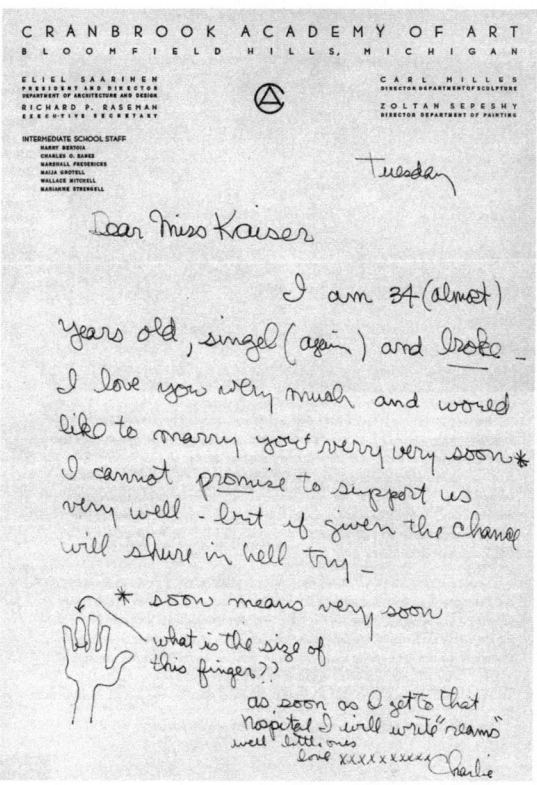

[9] Cartas de Charles Eames dirigida a Ray en 1941.

En los primeros años de la década de los cuarenta, los números de la revista italiana *Domus* están repletos de viajes y objetos recolectados en ellos. Los diseñadores italianos dieron un paso más allá del objeto sin referencias y sin historia propuesto por la Bauhaus. Consiguieron encontrar y construir la emoción sobre el objeto diseñado.

Lina Bo, que en aquel momento daba sus primeros pasos profesionales como arquitecta de la mano del diseño, era consciente de aquello. Trabajaba para Gio Ponti, fundador de *Domus* en 1928 y director de la misma. Ambos inventariaron, la producción de objetos prediseñados en la geografía italiana. Aquello les interesaba por diversos motivos, creativos y humanísticos.

Para Lina los objetos, además de ser atractivos y de gran calidad, debían transmitir mucho más del mero enfoque industrial. Trasciende la dicotomía que planteaba la modernidad entre objetos artesanales e industriales. Así, el valor no radicaba en la manera de producción sino en el objeto mismo, es decir, en lo que transmite.

En 1946 Lina Bo contrae matrimonio con Pietro María Bardi y juntos realizan un viaje por las islas mediterráneas. Deciden dejar Italia. Estaban muy decepcionados con la situación posbélica en la que se encontraban Europa en general e Italia en particular.

Viajaron a Brasil en barco. Durante la travesía Lina realizó varias acuarelas de paisajes lejanos y exuberantes al divisar las tierras cariocas. Probablemente las aguadas fueron realizadas desde la cubierta de la nave Almirante Jaceguay [Fig. 10].

Lina sentía pasión por crear. Además, entre ella y los objetos siempre existió un diálogo. Con toda probabilidad aquellos primeros viajes como arquitecta por Italia la acercaron a los productos de artesanos lugareños herederos de un concepto gremial del quehacer desde el cual las personas trabajaban comunicándose entre sí, reunidas y conversando, concentradas en la fabricación de distintas piezas de una misma especialidad. Aquellas formas de sociabilidad productiva siempre fueron un modelo para Lina y décadas más tarde les daría un espacio propio en uno de sus proyectos en Brasil, el reconocido SESC (Servicio Social de Comercio) en el barrio paulista de Pompéia. Esto apunta a que se produce una correlación entre lo que encierra el objeto en torno a la oposición entre producción artesanal frente a la producción industrial y lo que está sucediendo en la arquitectura.

[10] Lina Bo y Pietro Maria Bardi en velero
camino de Isla del Giglio, agosto de 1945.

En Brasil se da cuenta de que la aproximación al diseño necesaria en el país carioca no era similar a la que ella conocía en la Europa interrumpida por la guerra. Para Lina, en Latinoamérica, el diseño se convirtió en una práctica real y no una mera reflexión. Primero a través de la Escuela de Diseño que el matrimonio Bardi abrió en la primera sede del MASP en 1948. Más tarde, en los lugares donde habita o interviene.

A través de la carta *Piedras contra brillantes* hemos podido acercarnos a Lina, pero resulta necesario conocer un poco más a su esposo, a quien también descubrimos en la misma. Pietro María Bardi fundó la Galería Roma en 1930 a la edad de 30 años. En 1922 colaboró en la Semana de Arte Moderno Brasileño. Este acontecimiento tan importante despertó su interés por Brasil, algo que compartió con su segunda esposa, Lina, en los cuarenta.

Inicialmente el sueño americano sedujo al matrimonio Bardi que abandonó Europa rumbo a Estados Unidos; sin embargo, una parada programada en Río de Janeiro les hizo cambiar de parecer y finalmente apostaron por quedarse en Brasil. Años más tarde, Lina afirmaba que aquella forma de vida estadounidense que les atrajo fugazmente no era generalizable a toda la humanidad donde el nivel de consumo era mucho menor.

El traslado y la llegada de los Bardi a São Paulo fue un acontecimiento. Pietro iba a ser el responsable del primer museo contemporáneo de la ciudad paulista, el MASP. Las oportunidades profesionales que este país les ofrecía los convencieron para quedarse a vivir allí. Assis Chateaubriand, uno de los hombres más influyentes de Brasil en las décadas de 1940 a 1960 que destacó como periodista, empresario, mecenas y político, ofreció al matrimonio Bardi fundar un museo de arte en la ciudad paulista que carecía de tradición museística hasta el momento.

Lina añadiría a este proyecto museístico planteado un amplio concepto de enseñanza holística de arte y artesanía, arquitectura, diseño de mobiliario y moda, propaganda y participación colectiva. Paralelamente a la creación del museo, los Bardi compartieron el mismo objetivo que los Eames respecto al diseño: convertirlo en un motor económico, en su caso, de Brasil.

Los tres promotores del proyecto, Lina, Prieto y Chato, viajaron para conocer cómo funcionaba el museo referente de aquel momento, el Museo de Arte Moderno de Nueva York conocido como MoMA, en el que posteriormente, en 1957, se expondrían las obras del joven museo paulista. Allí experimentaron la organización expositiva jerárquica propuesta e instaurada por Alfred Barr contra la que Lina ofreció un sistema expositivo no categorizado, uno de los grandes logros del icónico museo paulista.

La primera sede del MASP fue el resultado de una idea de museo-antimuseo consensuada y contemporánea que no trataba de ser un lugar en el que mostrar arte antiguo ni arte moderno sino, simplemente, arte. Esta concepción abierta y atemporal del arte la forjó Lina en sus viajes [Fig. 11].

El espacio resultante abrió sus puertas en 1948 y mostró una colección inédita de pintura europea, incorporó al acervo a pintores brasileños, pero, además, introdujo en la narración de la historia del arte brasileño de la segunda mitad del siglo XX a artistas que no pertenecían al discurso canónico.

El discurso oficial al que nos referimos es el del apoyo por parte de las instituciones brasileñas a la pintura abstracta geométrica de los pintores concretos. Este apoyo trataba de desvincular la producción artística brasileña, heredada de periodos anteriores, del arte con el que presentar al país en el exterior a partir de los años cincuenta. El Brasil oficial será en-

[11] Lina Bo Bardi viaja a Nueva York, 1957.

tonces formalmente abstracto y será despojado de su pasado poco a poco por la élite especializada erudita. En realidad, este discurso de lo que sí es cultura y de lo que no es cultura viene de Estados Unidos, Finlandia y, nuevamente, de Europa, donde, como diría Lina, el hombre científico tiene una preponderancia sobre el hombre estético.

Los Bardi procurarán exponer entonces a artistas no reconocidos por la Academia aunque no decadentes, de la verdadera humanidad. En este sentido el discurso de los pintores no oficiales muestra otra manera de mirar las cosas, de moverse, una manera no estetizante de aproximarse a la naturaleza del verdadero ser humano.

El MASP, a cargo de los Bardi, formaba a los formadores en arte y a los gestores culturales. Este espacio no respondía a la idea que se tenía de museo en los países de tradición museística, sino que su significado era particular, esto es, un centro de cultura, un conjunto de actividades (exposiciones, cine, teatro, centro de discusión), independiente de la conservación de las obras. Los Bardi activaron la ciudad a través de actividades ligadas al arte, promocionaron la fundación de la Bienal de São Paulo y pusieron en marcha actividades infantiles como el recibimiento, por cerca de 30.000 niños, de un barco cargado de cuadros en el puerto de Santos. La puesta en marcha del estudio de arte y arquitectura Palma, entre 1948 y 1950, acercó a Lina a la simplicidad necesaria para ejecutar su mobiliario en Brasil y a la belleza de las maderas brasileñas, así como a otros materiales tropicales que encontraría posteriormente en sus viajes por el país.

Lina reflexionó sobre su posicionamiento ante el diseño a través de textos como «Amazonas: el pueblo arquitecto», de 1953, en el que defiende un modelo económico asociado a la industria del diseño al afirmar que si el pueblo brasileño era capaz de construir obras correctas con pocos recursos, era un pueblo del presente capaz de liderar su propio desarrollo económico sin imitar a los países ricos. Por otro lado, en otros textos como «Dos objetos», de la revista *Hábitat*, en 1951, defiende la publicación de un cazo de agua realizado por un autor anónimo indio con una cáscara de coco y una botella de barro con incrustaciones pétreas. De ellos dirá que son objetos que gustan mucho a los arquitectos y artistas modernos, pero pasan desapercibidos por un observador cualquiera que se pregunta por qué son publicados y qué hay de bonito en ellos. El creador moderno los mira porque siente en su simplificación repleta de emotividad un reflejo de su naturaleza innata, una «verdad» que los «modernos» sienten haber descubierto y que posteriormente traducirán y comunicarán a unos pocos, lentamente, hasta que al observador cualquiera le guste observar el cazo y la jarra.

Lo más interesante de la reflexión de Lina surge cuando nos dice que, en ese momento en el que al observador cualquiera le gusta observar el cazo y la jarra, el observador estará observando otros objetos porque lo importante no son los objetos sino las maneras de verlos.

Esto apunta a un entendimiento lúdico de la estética como solución a ciertos problemas antropológicos de las sociedades libres, tal y como había reflexionado Fiedrich Schieller en sus *Cartas sobre la educación estética del hombre*, de 1795, y que Johan Huitzinga desarrolla en su *Homo ludens* en 1938.

Lina, en Bahía, intentó convertir los objetos populares en la base de un modelo de desarrollo industrial, experimento que se frustró con el golpe de estado de 1964 que tuvo lugar contra el presidente João Goulart, momento en el que tuvo que regresar a São Paulo.

Lina Bo Bardi se había mudado a Salvador de Bahía en 1958. Allí colaboró vivamente en la activación de la ciudad a través de exposiciones, actividades universitarias y editoriales, particularmente en el *Diario de noticias de Salvador*.

Esta experiencia bahiana se convirtió para Lina en otro laboratorio vital. En Salvador, además de desarrollar la vivienda en espiral Chame-Chame (lamentablemente demolida), puso en marcha el ambicioso proyecto del Museo de Arte de Bahía y rehabilitó el Solar de Unhão, un complejo arquitectónico colonial del siglo XVI en un enclave privilegiado al borde del mar, cuyo programa y activación expositiva y de eventos, respondió a la presencia de la Bauhaus en el nordeste brasileño, rematando así su exploración antropológica de este territorio. Recopiló objetos cotidianos sencillos extraídos de su contexto habitual con el objetivo de convertir la artesanía lugareña en diseño industrial. Lina afirmó:

«La nuestra es una época colectiva. El trabajo del artesano se sustituye por el trabajo de equipo de los hombres que tienen que estar preparados para esta colaboración».

La compilación obtenida, fotografías y objetos convertidos en material descontextualizado y expuesto, tuvo como resultado una suerte de intelectualización de la artesanía.

La muestra más importante que realizó con todo aquel material coleccionado, *Bahia en Ibirapuera*, se celebró, como su nombre indica, en el parque Ibirapuera de São Paulo en 1959, y en ella Lina Bo Bardi, junto a Martim Gonçalves y Glauber Rocha, mostró a los brasileños su propio y en gran parte desconocido país a través de sus objetos. Las piezas no representaban nada; presentaban a Brasil en Brasil a los brasileños. Una vez más encontramos que Lina, como veremos que también hace Ray, está jugando con las teorías estéticas modernas.

En Ibirapuera se expusieron trajes, exvotos, mascarones de proa de barcos, juguetes, enseres, etc., con un criterio común: todos nacían del reciclaje y del trabajo hecho a mano. Elevó estas piezas a la categoría de obras de arte. Recurrió a una museografía escenográfica que cubría el suelo con hojas de árboles y los techos con telas creándose reflejos y luces coloreadas. Poco a poco fue incorporando a sus herramientas personales los procedimientos vernáculos tecnificándolos.

Lina había entendido la enorme capacidad creadora de Brasil y la escasez de medios utilizados. Como ella misma decía: «un país de la aristocracia del pueblo, del pueblo nuevo, mezcla del europeo, con el africano y con el indígena».

Lo que Lina quería para la artesanía no era su conservación, permanencia o inmovilismo, sino que diera un salto definitivo. La artesanía brasileña contenía las bases para dar una alternativa en el campo del diseño a la línea norteamericana de productos, los artefactos eléctricos de la sociedad de consumo.

Para hablar con propiedad, diríamos que se trata de la transformación de la «preartesanía» en un tejido pseudoindustrial. Para Lina, en la cultura medieval italiana, la formación de gremios había permitido mejorar ciertos aspectos del diseño de objetos para lograr una producción mayor. Si bien en Brasil descubrió que los creadores locales contaban con energía suficiente, comprendió que los «preartesanos» necesitaban salir de la soledad creativa y darse cuenta de que sus objetos eran tan válidos como los importados con un diseño moderno. Esta detectada fractura cultural escondía una riqueza antropológica única. Lina descubrió el potencial para un nuevo paradigma de diseño en el nordeste de Brasil, donde ya se estaban desarrollando enfoques innovadores de reciclaje. En esos años, los artesanos creaban luminarias únicas reutilizando latas descartadas, a las que agregaban nuevos elementos mediante ingeniosos injertos. Esta práctica ejemplificaba una ética de diseño ingeniosa que transformaba el desperdicio en arte funcional. Por todo esto, y con el objetivo ya apuntado de convertir la preartesanía en un motor productivo del Brasil, Lina desarrolló dos museos en 1960 en Bahía: el Museo de Arte Moderno de Bahía y el ya citado Museo de Arte Popular radicado en el Solar de Unhão, espacio rehabilitado por la arquitecta e inaugurado en 1963.

Este objetivo económico-creativo, por el que los beneficios de la modernización se aliaron con los valores de la cultura, desarrollado por Bo Bardi en Brasil había protagonizado las primeras décadas del siglo XX de Occidente. El matrimonio Eames fue el responsable de desarrollarlo en Estados Unidos y de allí exportarlo a la India.

Cuando Estados Unidos todavía no había emergido tras la Gran Depresión y en la década de los treinta se siembra con fuerza la idea de que lo mejor estaba *en casa*, América volvía a mirar a América y el presidente Roosevelt proponía que sus habitantes

salieran a encontrarse consigo mismos. Los productos estadounidenses comenzaron a entusiasmar en
todo el mundo. Los Eames fueron uno de esos productos que representaban los mejores tiempos de
aquella América convertida en un sueño optimista y
fascinante. Lina siempre admiró, de manera crítica,
el anotado sueño americano y lo mantuvo latente a
su manera llevándolo a la praxis por ella misma.

América quería construir un sueño colectivo
siendo una y moderna. El expresionismo abstracto americano tuvo ese objetivo identitario. Charles
y Ray se construyeron a sí mismos como un icono
único que representaba esa modernidad. Enlazaron
trabajo y arte y convirtieron esta fusión en un paradigma de la modernidad. La innovación del mundo
creado por los Eames fue la misma que la de los cuadros de Pollock o los paisajes de Arizona fotografia-
dos por Sommer y fue dada a conocer en los media
del momento, la televisión y la propaganda.

El acercamiento de Ray Eames a la arquitectura fue desde la pintura. Su formación comenzó en
el centro de artes Bennett, una institución con bue-
nas referencias en la esfera cultural de Nueva York,
donde obtuvo su graduación. Allí recibió cursos de
danza que la hicieron reflexionar sobre la importan-

cia del ritmo y cómo este se visualiza en el espacio escénico mediante el empuje de la gravedad y la recuperación de la fuerza.

Decidió mudarse a Manhattan en 1933 y continuó asistiendo regularmente a funciones de danza que se había convertido en una verdadera pasión para ella. Se lanzó a la aventura de la modernidad guardando folletos de las exposiciones que visitaba, de los espectáculos a los que atendía y numerosas notas. Conoció, estudió y se dejó llevar por artistas como Picasso, Matisse, Léger o Calder.

Entre ciclo y ciclo de las clases que recibía de Hans Hofmann, de las que guardó sus apuntes y anotaciones, Ray construyó su propia concepción de la modernidad. En 1937 escribía: «*Modern arch-not a style. A philosophy of life. A waking up to the fact of living surrounded by forms because of industrial revolution*».[4]

Además, adquirió una de las grandes lecciones de la modernidad: la comprensión de que el arte abstracto tenía un carácter espacial, de que su riqueza se encuentra en el trabajo con las tres dimensiones.

---

4. «Arte moderno-no estilo. Una filosofía de vida. Un despertar del hecho de vivir rodeado de figuras debidas a la revolución industrial».

Otro de sus apuntes afirmaba: «*Abstract Art. Based on pictorial spatial expression. Not based on representation*».[5]

El trabajo con Hofmann buscaba abrir la estructura espacial del lienzo, trayendo al frente y empujando al fondo, partiendo del plano de la pintura para crear volúmenes dinámicos. El color contribuía a la formación de los planos en el espacio. Ray valoraba no solo los objetos en el espacio sino el espacio que se formaba alrededor del objeto. De esta manera la percepción del objeto no se produce en sí misma sino a través de la relación que establece con la luz y con el color; se experimenta con el espacio-forma.

Como miembro destacado del American Abstract Artists Group formó parte de la exposición inaugural del colectivo en Squibb Galleries en 1937 y mantuvo su presencia en sucesivas exposiciones hasta el año 1941.

Ray y Charles encontraron en la estructura su punto de unión. La visión de Charles era puramente arquitectónica, pero la de Ray incluyó la danza, la escenografía y la moda para comprender que todas

5. «Arte Abstracto. Basado en la expresión espacial pictórica. No basado en la representación».

estas disciplinas eran capaces de compartir conocimientos profundos sobre las composiciones espaciales con la pintura, la arquitectura o el diseño.

Cuando decide dejar atrás Nueva York, en 1940, pasa una temporada en la Academia de Artes de Cranbrook que, bajo la dirección de Eliel Saarinen, había recogido la enseñanza de artes y oficios europea. Colabora en la elaboración de los dibujos que Eero Saarinen y Charles Eames mandarían al concurso de mobiliario orgánico del MoMA y, a partir de entonces, junto a Charles, comienza una nueva experiencia vital en la que vida y profesión se entrelazan.

Para ella los primeros años junto a Charles fueron una etapa de intenso aprendizaje, sobre todo en el estudio de materiales, en la búsqueda espacial y la composición de formas y colores. Ray aportó la constancia y el entusiasmo que forjó una determinación en ambos como equipo, la de llevar a cabo las ideas o proyectos desarrollándolos intensamente hasta su ejecución y promoción final. Charles era muy ocurrente pero le llevaba demasiado tiempo poner en marcha sus proyectos y dilataba su resolución (su tía, con la que vivió mientras estudiaba arquitectura, dudaba de su genialidad por este motivo). Ray tenía una sensibilidad extrema y mantenía con perseverancia el interés por la investigación y por terminar los proyectos en los que se embarcaba la oficina. Juntos formaban un tándem perfecto. En una de las miles de notas manuscritas por Ray cuantificaba el esfuerzo de llevar a cabo un diseño: un 5% del esfuerzo se dedicaba a que el concepto tomase forma; mientras que el 95% restante lo empleaban en que se mantuviese el diseño hasta el final del proceso.

El 20 de junio de 1941 los chispeantes Ray y Charles Eames contraen matrimonio y toman rumbo al suroeste. El artista de origen italiano Harry Bertoia, que más tarde colaboraría con ellos, diseñó las alianzas [Fig. 12].

Los recién casados viajan desde el estado de Míchigan al de California para alojarse en Westwood, Los Ángeles. En aquella década el oeste era el rumbo clave de Estados Unidos. En estos primeros años previos a la construcción de su casa se alojaron en los apartamentos Strathmore de Richard Neutra, lo que evidencia su compromiso absoluto con el diseño moderno. Un espacio que les permitió desarrollar vida y trabajo cumpliendo con sus expectativas de flexibilidad y ambiente.

Mientras Charles trabajaba para la Metro-Goldwyn-Mayer, Ray desarrolló los moldes para

[12] Ray con traje nupcial el 20 de junio de 1941.
[13] Charles & Ray Eames presentando su mobiliario
en el *show* televisivo El hogar de Arlene Francis,
en la cadena NBC en 1956 (fotogramas del vídeo
Eames Lounge Chair debut in 1956 on NBC).

[14] Charles y Ray Eames en una playa californiana
a principios de los años cuarenta.

curvar la madera y experimentó con ellos. En aquel periodo realizó además las portadas de *Arts & Architecture* [Fig. 13].

En estas esculturas realizadas con la *Kazam!* y en el diseño de las portadas, Ray transforma la composición pictórica; esas superficies curvas que se plegaban en el lienzo y esos objetos que destacaban mediante la forma y el color, en composición de espacios habitables o escénicos.

Diseño, mito y propaganda forjaron una identidad. Ray se encargó de diseñar esa imagen de ellos mismos. Ella fue el motor de este objetivo que exteriorizó manejando la conocida motocicleta Triumph. Si una imagen es capaz de ser una idea, las películas y el mobiliario que realizan los Eames son una suerte de manifiesto sobre su propia idea del mundo. Ray materializa visualmente estos conceptos. En este proceso creativo los espacios, la sala gráfica de la oficina Eames, el garaje en el 901 de Washington Boulevard, jugaron, junto a su casa, un papel crucial.

El diseño moderno de los Eames nació de la unión del arte y la industria, de su sueño de llevar las más maravillosas experiencias al mayor número de personas, de la unión de Ray Kaiser y Charles Eames [Fig. 14].

La celebración del viaje

Los objetos encontrados y su orden

[15] Ceremonia del té japonesa en la casa de los Eames
en 1951. Las pequeñas mesas individuales fueron diseñadas
para este evento específico. Algunos de los invitados son
Shirley Yamaguchi, Charlie Chaplin o Isamu Noguchi.

A los Eames y a Lina Bo Bardi les gustaba celebrar las cosas. Cualquier cosa. Para Ray estas celebraciones eran parte del trabajo con su pareja. Para Lina, un encuentro colectivo de pensamientos.

Los tres explicaban los viajes realizados a sus amigos a través de fotografías y objetos que traían de los lugares visitados.

Esa especial delicadeza con la que nuestras protagonistas reformulan sus universos creativos, que son también expositivos, puede tener un nexo con los viajes y las fiestas populares, eventos que observaron, dibujaron y fotografiaron. En la necesidad de «ser partícipes» para comprenderlos, los reprodujeron en sus casas y recurrieron a ellos de forma continuada y activa. Para Ray ninguna persona era una isla; de hecho, la intensidad de la experiencia, por ejemplo, la artística, recaía en las relaciones que una persona establecía con las que estaban a su lado y con el entorno que la rodeaba. Comprendía la creatividad como sociabilidad valorando el momento artístico compartido, el instante de ser con los otros. La convivencia era un acto estético o artístico.

Las diferentes imágenes que tenemos de la casa de los Eames se deben en gran parte a ella, que no dudó en fotografiarla, en retratarla, en todas sus funciones posibles: mientras jugaban, descansaban, la limpiaban o cuidaban el jardín pero, sobre todo, cuando recibían invitados, ya fueran amigos, estudiantes o clientes [Fig. 15].

Cuando Ruth Bowman pregunta en una entrevista a Ray por la idea de ceremonia, tan presente en sus películas profesionales, y sugerida también en la forma de vida recogida en las fotos de los actos cotidianos, Ray contesta que para ella la ceremonia era inseparable de los objetos y de la manera en la que ellos (Ray y Charles) habían disfrutado encontrándolos de forma inesperada. Por lo tanto, el acto ceremonial rememoraba los recuerdos mediante los objetos. El objeto se convierte en vertebrador entre la memoria y la ceremonia o el rito. La memoria entronca con lo subjetivo, con la experiencia vivida, que se puede revivir y rememorar una y otra vez. La ceremonia marca la praxis, cómo se deben ejecutar los actos para que el objeto sea posible, cobre sentido. Pero el objeto también se convierte en vertebrador de las relaciones sociales y el trabajo, la profesión. Ray venera piezas con memoria pero genera objetos industriales. En esta dualidad se encuentra toda la contradicción, complejidad y fascinación del trabajo de los Eames.

[16] El equipo de programación cultural del SESC Pompéia, diseñado por Lina Bo Bardi, en uno de los famosos almuerzos celebrados en la casa de Lina Bo Bardi (la Casa de Vidrio) en 1983.

Lina, a través de su experiencia en Bahía, afianzó su entendimiento sobre el diseño en un contexto como el brasileño y a su vez lo llevó a la práctica.

«El arte, desligado de la praxis vital, de los acontecimientos socioeconómicos de la realidad moderna, posee ante todo el estatuto negativo, crítico, de la otredad, de la diferencia» [Fig. 16].

En 1958 Lina Bo Bardi fue invitada a impartir una serie conferencias en la Universidad Federal del Estado de Bahía y posteriormente a impartir clases de arquitectura en esta Universidad. Lina no conocía Bahía y estaba entusiasmada. El escultor soteropolitano Mario Cravo narra que, cuando Lina llegó, Bahía estaba dormida. Para Cravo, Lina encontró una ciudad estratificada, sedimentada entre el siglo diecisiete y el dieciocho en su manera de vivir con características medievales, completamente aislada. El único contacto que tenía con el exterior era a través de hidroaviones que aterrizaban en la península de Itapagipi si el mar estaba en calma.

No había enlace ni viario ni ferroviario que conectara el norte de Brasil con el sur. La arquitecta

**[17] Lina Bo Bardi explorando los
estados del nordeste brasileño**

marchó allí con la idea de conocer ese otro Brasil desconocido que supuso un cambio vital en su manera única e irrepetible de entender el mundo [Fig. 17].

Al viajar a Bahía, Lina encontró un lugar en el que se vivía en una selva fantástica, frondosa. Frente a lo que se acostumbraba en Europa, la naturaleza maravillosa en la que todo está ordenado, por ejemplo los cipreses plantados ordenadamente en hilera a lo largo de las calles, en el trópico la naturaleza te devora, te engulle y destruye como un animal, la tierra de Adán, primitiva e inhóspita.

En 1958 comenzó a escribir en el *Diário de Notícias de Salvador*. El 19 de octubre reflexionaba en el artículo titulado «La Luna» sobre el debate entre la ciencia y la poesía. En el desarrollo del texto bahiano, Lina se preguntaba sobre lo que significaba el progreso para el hombre y si este era incompatible con la poesía. Comenzaba afirmando lo siguiente: «Este es el año de la exploración del espacio. El hombre ha renunciado a la Tierra y quiere viajar a la Luna». Esto nos recuerda un hermoso dibujo nocturno que realizó en 1927 en el que la Luna iluminaba un túnel bajo un castillo y en él una muchacha, que podría ser la Alicia de Lewis Carroll, huye persiguiendo a un conejo. De igual manera, Lina había huido de São Paulo para encontrarse con ese otro país de las maravillas brasileño. Ese otro país repleto de artesanos creativos.

En Salvador de Bahía retomó la idea de la unificación entre arte y artesanía, así como algunas otras condiciones románticas de la Bauhaus, convirtiéndolas en antecedentes de su proyecto de Centro Artesanal de Salvador de Bahía.

«La nuestra es una época colectiva. El trabajo del artesano se sustituye por el trabajo de equipo de los hombres, que tienen que estar preparados para esta colaboración».

Primeramente realizó una investigación sobre el estado del diseño brasileño. En un viaje por el nordeste del Brasil reunió toda clase de objetos artesanales. De forma paralela, creó un magnífico archivo publicado como fotolibro, *Apuntes de Nordeste 1959-1980*, en el que describió los hábitos de los hombres a través de sus objetos de uso cotidiano. Propuso la idea de arte industrial. Artesanía, artesano, arte popular. Para Lina la artesanía era la expresión de un tiempo y una sociedad particular. Su venta no era el fin sino la satisfacción por concebir algo y poder realizarlo con tus propias manos.

Su mirada se hizo antropológica capturando la esencia del nordeste. Profundizó en los objetos creados por los niños materializados desde la esencia. Lina nos invitaba a ser niños para después ser libres, creadores libres derrochando en ello pura fantasía y electricidad vital.

La gran colección de artesanía recopilada permitió instaurar el Museo de Arte Popular de Salvador de Bahía. De esta experiencia extrajo algunas de las claves de sus creaciones, como los encuentros inesperados de lo popular con lo culto, la insistencia del reciclaje, la cosificación del arte nuevo y la necesidad de enfrentarse a la creación desde la esencia y la realidad.

Lina siempre estuvo interesada en misteriosos seres de leyenda: los imaginarios colectivos, que desde pequeña incorporó a sus dibujos. Más adelante se interesó por los mundos llenos de seres imaginarios como los de las ilustraciones de los relatos surrealistas de Dino Buzzati o los de los cuadros de su padre, Enrico Bo.

Durante siglos los artistas trataron de eliminar, mediante su imaginación, las fronteras entre mundo exterior y mundo interior para fundir lo cotidiano con lo inconcebible. En este sentido, Lina encontró

[18] Lina Bo Bardi en vísperas de la inauguración
de la exposición *Bahía no Ibirapuera* en São Paulo, 1959.

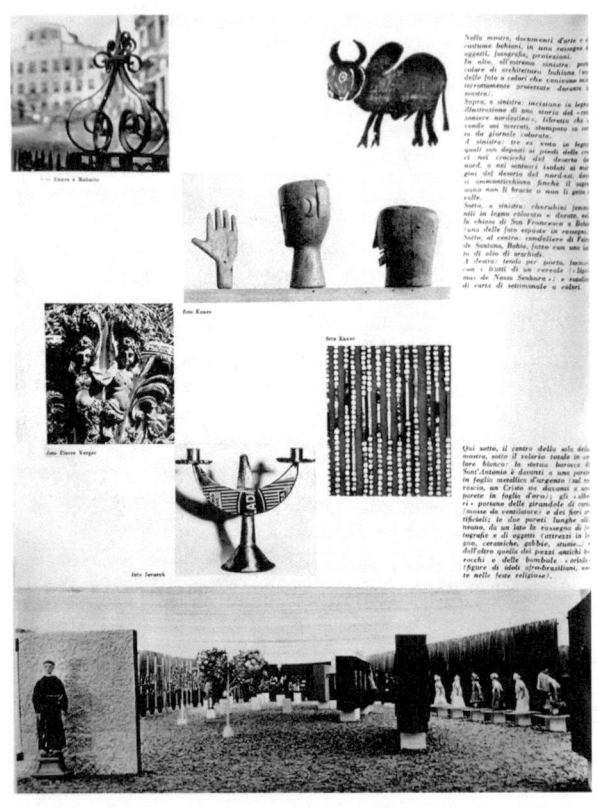

[19] Página de la revista *Domus*, mar. 1960. La revista muestra una imagen de la exposición organizada por Lina Bo Bardi (junto a Martim Gonçalves), *Bahia no Ibirapuera*, y fotografías de objetos expuestos en dicha muestra.

un nuevo imaginario colectivo en Brasil, seres fabulosos, de aspecto humano como los exvotos o de aspecto animalesco como las carrancas. Estas últimas despertaron su admiración más profunda.

Las carrancas son mascarones de proa, esculturas de enormes ojos y aspecto zoomórfico en madera que protegían las embarcaciones que navegaban por el río São Francisco cargado de mitos y leyendas.

La fantasía individual de la arquitecta, potenciada hasta lo fantástico, la condujo a regiones desconocidas más allá de las convenciones sociales y las reglas académicas en vigor. Ella integró todos estos seres en su «bicharada», llegando incluso a exhibirlos en su casa como si fueran habitantes de la misma. Esta colección siempre la acompañó, pues representaba el misterio del Brasil que había explorado [Figs. 18 y 19].

Al observar profundamente Brasil, descubrió que a pesar de ser un país humilde estaba cargado de creatividad. Los lugareños fusionaban trabajo y arte. Cada objeto artesanal realizado contenía y retrataba una historia colectiva. Bo Bardi encontraba hermosura y valor en estos objetos por su procedencia y su manufactura aunque no tuvieran pretensiones de belleza en sus orígenes. Eran una auténtica expresión de la cultura humana. Esta investigación quedó

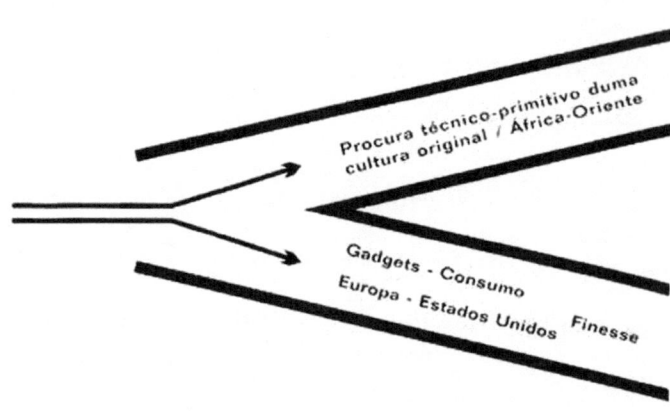

Procura técnico-primitivo duma
cultura original / África-Oriente

Gadgets - Consumo
Europa - Estados Unidos   Finesse

[20] Diagrama elaborado por Lina Bo Bardi para explicar
la bifurcación a la que se puede dirigir el preartesanato
brasileño. Este *bivio* brasilero, finalmente, se decanta
hacia los *gadgets* y el consumo en los años setenta.

plasmada en proyectos construidos o sobre el papel, exposiciones, labor editorial, actividades académicas, trabajos de diseño, juguetes y objetos de infancia, teatro y otros medios de difusión de masas.

A través del diagrama formulado por Lina en el texto «Por que o Nordeste» podemos entender su aproximación al diseño y su postura sobre la trascendencia productiva que debería tener aquel en la economía de los países. Posición, *impasse creativo* en el que Bo Bardi y el matrimonio Eames participaron [Fig. 20].

«No todas las culturas son ricas, ni todas han heredado sedimentos de historia —restos materiales distribuidos en el espacio y conservados a través del tiempo—. Sumergirse en una civilización, por más simple o pobre que sea, llegar hasta sus raíces populares es comprender la historia de un país. Adentrarse en los cimientos de una cultura (sea como sea) para respetar su riqueza patrimonial no significa que se deba diseñar conservando las formas y los materiales sino apoyarse en su creatividad original. Los materiales y los sistemas de producción modernos sustituyeron los medios primige-

[21] Ray Eames y Deborah Sussman sobre un elefante en 1965 durante los trabajos para la exposición sobre Nehru.

nios sin conservar no tanto las formas sino la estructura profunda que ofrecían dichos objetos diseñados de manera cotidiana. Esta búsqueda, realizada con una rigurosa metodología científica, fue ridiculizada por el romanticismo del pueblo, un falso tradicionalismo liderado por tecnócratas ideológicos que hizo languidecer todas estas formas de cultura popular».

El mismo año en el que Lina viaja a Bahía, los Eames son invitados a recorrer la India por primera vez en un viaje que durará cinco meses.

Estos viajes de los Eames tenían como fin encargos precisos pero ellos consiguieron que se prolongaran en el tiempo, no solo gracias a las exposiciones y a la posterior documentación que realizaban de las mismas, sino gracias a la ceremonia de recuerdo de los viajes que realizaba Ray, compartida con sus amigos a través de rituales culinarios o sesiones de proyección [Fig. 21].

Ella catalogaba y narraba lo acontecido a través de fotografías. Reordenar los objetos traídos —sillas, tejidos, animales de tela o papel— e incorporarlos a su casa y explicar aquellos mundos recorridos a través de los objetos recolectados era el objetivo de estos gabinetes personales. En su casa conviven el recelo por proteger su intimidad y la propaganda al exhibir los objetos que cartografían sus viajes. Esto también sucede en la casa de Lina. Ambas viviendas, la Case Study House #8 (Casa de los Eames) y la Casa de Vidrio (Casa de los Bardi), son concebidas en el mismo momento, entre 1949 y 1951. El vidrio de ambas viviendas, en las paredes transparentes, no es el vidrio de una fachada formalista sino esa voluntad por disolver lo privado (casa) y lo público (museo).

En 1955 habían realizado el filme *Textiles and Ornamental Art of India* en el que se recogía todo el material que sus amigos Alexander Girard y Edgar Kauffman Jr. habían expuesto en el MoMA y desde entonces les fascinó el país. La India se había independizado y Jawaharlal Nehru, convertido en Primer Ministro, estableció las bases de un Estado nacional moderno.

El arte y la cultura empezaron a concebirse bajo la idea de esta identidad nacional. Se busca la modernidad desde el diseño de objetos y este se convierte en una estrategia de propaganda. El componente ideológico del proyecto, una suerte de conquista, aspira a facilitar la transición de una colonia inglesa a un país independiente moderno. El diseño formaba parte de ese proyecto de regeneración, quizá con cierta pretensión, pensando que la industrialización podría traer de golpe la modernidad que no tenía. La invitación a visitar el país vino de Pupul Jayakar, una funcionaria del Ministerio de Comercio e Industria de la India a quien conocieron durante la elaboración de la película para el museo.

El documento oficial que recogía el trabajo realizado en la visita, *The Indian Report*, fue presentado el 7 de abril de 1958 y databa el estado del diseño y los efectos que la tecnología occidental podría tener en la cultura de este país. El informe recomendaba la creación de una escuela de diseño y un espacio de servicios e investigación con el objetivo de generar un cambio de paradigma en la concepción de la producción.

Una de las principales preocupaciones del Gobierno fue no perder las cualidades propias indias en la inevitable confrontación con el mundo occidental e intentar liberarse de la creencia colonial en la que las bellas artes estaban completamente separadas de la artesanía.

Los Eames, que eran ejemplo de la modernidad norteamericana a la que Nehru quiso dirigirse y eran expertos en la producción para las masas, eran los más adecuados para esta tarea de diagnóstico y posterior propuesta [Figs. 22 y 23].

Basándose en estas recomendaciones, el Gobierno, con la ayuda de la Ford Foundation y el mecenazgo de los Sarabhai, fundó The National Institute of Industrial Design en septiembre de 1961. Los éxitos que obtuvo la escuela de diseño que ellos iniciaron fueron y son innegables.

El diseño de objetos introduce en el ámbito de lo privado piezas que se piensan desde lo público y hace que la frontera entre uno y otro ámbito se diluya. Los objetos diseñados son previos a la conciencia colectiva y poseen la capacidad de crear nuevas realidades. Cuando son domésticos organizan la intimidad desde la ideología y propaganda desde la que se conciben ya sea la vocación cultural nacional o la modernidad universal.

Esta sucesiva inmersión en la cultura lugareña permitió que Ray se declarara a favor de una forma de humanización de la modernidad.

La manera de explicarlo fue el cortometraje *Banana Leaf* que puso imagen a la parábola tradicional india basada en el sistema de castas y que usaron los Eames para explicar la relatividad de los valores. En

[22 y 23] Ray Eames conversando con Indira Gandhi
mientras visitan y conversan sobre la exposición
Nehru: su vida y su India, 1965.

aquella narración los que están más abajo comen su comida en una hoja de plátano, los de un escalón superior lo hacen en una suerte de plato o *tali* de barro; a medida que los comensales pertenecen a escalones superiores comen en *talis* de cerámica vidriada, latón, bronce, mármol pulido, baño de plata, plata maciza e incluso oro. Sin embargo, aquel que pertenece al escalón de los sabios en conocimientos y espiritualidad de nuevo come en una hoja de plátano.

Viajar humanizó la idea de diseño moderno de nuestras protagonistas. Para ellas el diseño es inherente a la humanidad, cada persona es una fuente infinita de posibilidades creativas en las que debe darse el equilibrio entre las facultades físicas, espirituales y morales [Figs. 24 y 25].

El interés de ambas por la artesanía tradicional presente en los destinos visitados envuelve su propia aproximación al diseño, desde una lámpara o una silla a una exposición o un trabajo editorial. *Humanizar* significa que Ray y Lina tratan de reconstruir el mundo a través de su trabajo para devolverle las *bellas historias* que la modernidad había eliminado de la memoria colectiva.

Humanizar es saltar por encima del ser moderno, es darle la espalda al predominio de la razón y

[24] Ray en India en 1958.

[25] Lina, enviada por la revista *Domus*, recorre Italia junto a su socio Carlo Pagani para inventariar la situación del país destruido tras los bombardeos de la Segunda Guerra Mundial. En esta imagen el popular barrio del Rey en Milán en 1945.

admitir cierta irracionalidad. Ray y Lina admiten este juego, el de jugar con los márgenes de la modernidad. Ellas juegan y saben que juegan; son, por lo tanto, algo más que seres de razón. Ellas hacen de su propia manera de entender la cultura su juego.

Cortometrajes como *Banana Leaf* o la exposición *A mão do povo brasileiro*, el expositor de Bo Bardi, *Gran Vaca Mecánica*, o el banco de Eames *Elefante* son juegos y juguetes que muestran cómo a través de lo pequeño y cotidiano del diseño, de grandes ideas, artefactos, objetos o lugares se podía contribuir a este rehacer el mundo porque, como se encargará de explicar el pensamiento de la irresponsabilidad estructural, el hombre está agradablemente condenado a jugar. Son dos bellas historias que nos hablan de acercamientos sociales o culturales de las dos creadoras.

Eames y Bo Bardi fueron capaces de apreciar el valor de lo popular, del legado vernáculo, del peso reciente de la historia en Brasil, Estados Unidos, India o Japón y alegrar el mundo con todo aquello. Esta manera de observar el mundo se acerca a la percepción lúdica de la cultura de Roger Caillois por la que la actividad lúdica le compete a todas las civilizaciones y a toda naturaleza. Lina, con motivo de la exposición llamada *Bahía* de 1959, afirmará que la cartografía realizada en la muestra no es más que un elemento contingente puesto que la reflexión podría haberse dado sobre otro lugar como América Central, España o la Italia meridional, donde lo que de manera oficial llamamos cultura no hubiese llegado. Detrás de este juego está el sentido del mundo.

El pensamiento de Lina, fundamentado en elementos procedentes del marxismo y el freudismo, constituye una crítica de la sociedad industrial y una reivindicación de la imaginación ante un hombre apresado en la cosificación homogénea del diseño industrial. Los objetos recolectados en el nordeste brasileño son una muestra de la repetición en la tradición artesanal. Lina pone el máximo interés en lo diferente de estas piezas que muchas veces tiene que ver con los materiales, su realización o cambio de uso.

La mirada poliédrica de Ray observa, colecciona y agrupa y, de manera intuitiva, muestra en la repetición de los objetos recolectados la diferencia, es decir, nos muestra la libertad de creación en el mundo al aproximar dos objetos semejantes, de los que nos muestra su singularidad contra lo general, una universalidad contra lo particular.

Ambas despliegan un pensamiento creativo y libre en el que hacen, rehacen y deshacen sus conceptos. Una vez más, todo apunta a que ambas se acercan a los bordes del pensamiento contemporáneo en una periferia que, siempre desplazada, los repite y diferencia.

Ray y Lina guardan muchas de las imágenes de sus viajes en su archivo personal compuesto por objetos, dibujos, fotografías textos y publicaciones. Ambas dedicaron sus últimos años a ordenar e inventariar el trabajo de sus oficinas y las imágenes capturadas en su trayectoria vital.

Podemos imaginarnos el ingente material de ambas en cartografías similares a las que Ray elaboró a finales de los años sesenta y que conocemos como *Historia pictórica de los muebles para Herman Miller*. La suma de esas dos hipotéticas cartografías nos explica sus maneras de entender el mundo que les tocó vivir. En cada imagen u objeto que Ray y Lina guardaron se conserva, todavía hoy, una idea.

Las arquitecturas del cuerpo

El circo

**[26] Lina Bo Bardi y Pierre Verger.
Fotografía tomada por Marcelo Ferraz.**

La industria de la moda y la joyería fue una actividad a la que Lina Bo Bardi se dedicó durante toda su vida con la misma actitud que tuvo desde adolescente. En estos diseños ensayó el reciclaje de objetos, el moldeado y la creación de tejidos. Esta labor tiene que ver con su particular inquietud por los cachivaches: un insecto que bien podría ser un broche o una maqueta de barco convertida en sombrero, entre otros ejemplos. Lina pidió a grandes fotógrafos, como Luiz Hossaka, que capturaran estos instantes. El archivo fotográfico de Lina Bo Bardi está compuesto por más de seis mil imágenes a las que podríamos sumar su colección nordestina.

Los adornos pueden entenderse como arquitecturas del cuerpo pero también podemos interpretar que implican un uso social del mismo. Dos antropólogos como Claude Levi-Strauss y Pierre Verger —dos viajeros con los que Lina se sintió especialmente alineada— se aproximaron de manera sensible a la cultura popular y a las múltiples imágenes del cuerpo que de ella se desprendían. En su obra destacan sus miradas sobre el cuerpo humano percibido desde las actividades más cotidianas, la expresividad corporal de los cuerpos.

Salvador de Bahía acercó a Bo Bardi, Levi-Strauss y Verger. Posteriormente los dos antropó-

[27] Charles y Ray Eames junto a Haku Shah y familia.
Imagen tomada en 1965.

logos frecuentaron la Casa de Vidrio. Pierre y Lina siempre mantuvieron una hermosa amistad. Ella inició en 1989 el proyecto para su fundación en el centro de Salvador, el barrio del Pelourinho, aunque nunca se ejecutó [Fig. 26].

Ahmedabad acercó a los Eames a Haku Shah, artista y antropólogo cultural, y a George Nakashima, un artesano local; los cuatro acostumbraban a visitar la casa de Haku donde Charles pensaba y Ray pintaba. Mantuvieron correspondencia postal con él durante años y se enviaban postales hechas a mano por Ray. Haku realizó una hermosa felicitación de Navidad con el sol y la luna que envió a los Eames en 1967 [Fig. 27].

La relación de Ray y Lina con el mundo de la antropología resulta curiosa. Junto a los antropólogos citados recorrieron los inventarios de los recintos mentales de los pueblos visitados en India y los nordestinos del Brasil. Convivieron con los lugareños pero también con los antropólogos que observaban a los lugareños para deducir su identidad; observaban sus emociones colectivas y sus mitos, sus formas artísticas y sus adornos.

Según Lina en los adornos se refleja la representación del propio cuerpo y de la identidad cultural. Ella los crea de esta manera y son reflejo de lo que el otro es, de las diferencias, tanto en su apariencia física como en la vivencia a través de los gestos. Lina se sintió más observada que observante.

Extraña, extranjera... Para Lina hay una transferencia entre el observado y el observador, entre el hecho de observar y el hecho de sentir que se está siendo observado. Este diálogo visual resulta esclarecedor si analizamos sus máscaras, un gesto ancestral del hombre al enfrentarse con el mundo.

Lina se transformó intelectualmente con una máscara o antifaz que observaba anónimamente bajo el seudónimo de *Alencastro* y con el que redactó su provocativa, sarcástica e irónica columna en la revista *Hábitat*.

Esta habilidad de transformar el cuerpo señala el camino que los objetos tendrán en su propia obra y también concierne a lo que podemos definir como el lado femenino de la Modernidad [Figs. 28 y 29].

En Brasil, Lina desarrolló un conjunto de trajes y joyas para poner en valor las piedras semipreciosas lugareñas, injustamente infravaloradas según su criterio.

En las primeras descripciones que hace del país y que su hermana Graziella Bo Valentinetti re-

 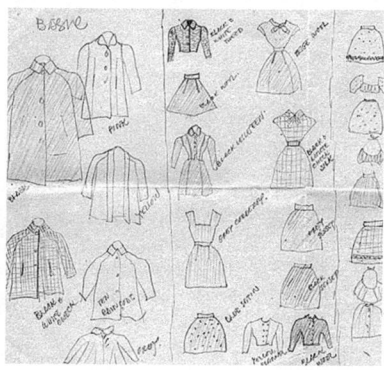

[28] Lina Bo Bardi, Collar y objetos diversos, 1947.
[29] Vestuario personal programado anualmente por Ray.

cuerda en diversos testimonios, hablaba de un lugar impensable, irreal, tropical, en el que se podían encontrar piedras semipreciosas por las calles y que le resultaba absolutamente atractivo.

En 1977, en el proyecto de rehabilitación de la fábrica Pompeia, convertida en el centro SESC, la arquitecta propuso que el riachuelo situado al sur del complejo fabril, hoy solárium, fuera un río colmado de piedras brasileñas que drenan el agua para evitar la inundación de la zona. Finalmente se cubrió de un pavimento de madera local.

El amor de Lina hacia aquellas piedras no tiene que ver con una búsqueda formal; de hecho, se trata de esas piedras que Lina dice no buscar, sino que encuentra, y que la naturaleza muestra y ofrece entendida como una transformación del cuerpo humano lejos de una renuncia al ornamento, además [Fig. 30].

Lina Bo Bardi y Ray Eames simultaneaban su recelo por proteger su intimidad y su entusiasmo por mostrarla al fotografiarse en los espacios en los que habitaban y trabajaban. Ellas testificaban la mezcla inseparable entre vida y trabajo que, al complementarse, construían un nuevo modelo vital. Exploraron de esta manera los límites de la intimidad, las fronteras entre lo público y lo privado. También

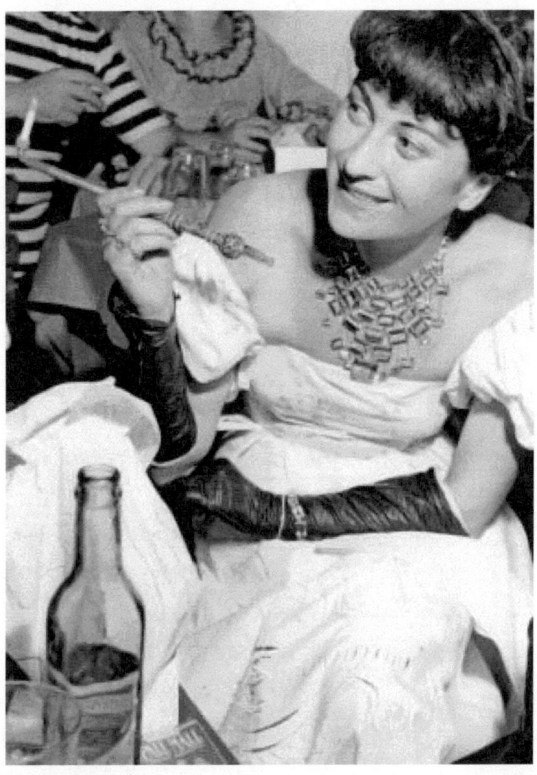

[30] Lina Bo Bardi en el baile de carnaval en el Instituto de Arquitectos de Brasil (IAB) llevando su diseño de joya, collar de aguamarina, en 1948. Ese collar fue robado en 1986 como vimos anteriormente en la carta de Lina publicada en 1989 en el periódico *Folha de São Paulo*.

se fotografiaban en sus obras trabajando, en sus fiestas y con sus objetos. Ese fotografiarse rodeadas del mundo que ellas mismas habían creado nos ofrece una imagen poderosa de su actitud creativa. En cierta manera tenían sus ojos en sus manos, es decir, en el objetivo de una cámara fotográfica.

Ellas se convertían en un objeto a exponer de manera voluntaria. Si entendemos el sujeto como elemento de la relación que, en su acto de conocer, recibe las imágenes del mundo, las procesa y las explica a través del lenguaje y genera un juicio, y el objeto como el otro elemento que compone la relación, que es lo que yace ante esa intimidad humana o está puesto ante ella de modo que pueda ser conocido, en el caso de nuestras dos creadoras se produce una identificación entre sujeto y objeto; son lo mismo.

Ray y Lina juegan con una filosofía materialista: yo objeto.

Esta cosificación fue llevada al límite en la propuesta bobardiana para el pabellón de la Exposición Universal que se celebró en Sevilla en 1992. En Sevilla, el lugar donde se inició uno de los viajes más apasionantes de la historia que llevó a Cristóbal Colón a las exuberantes tierras americanas, Bo Bardi propuso un pabellón en el que lo realmente importante

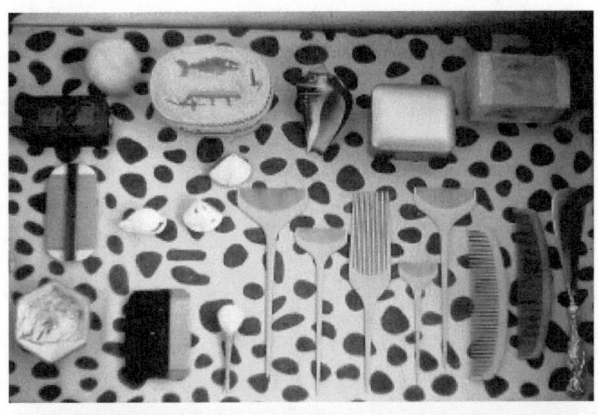

[31] Paisaje-expositor dispuesto y
fotografiado por Ray Eames en su casa.
[32] Fotograma del documental *Lotas*, 1989.

103

era lo que proponía exponer: los restos del ser humano más antiguo descubierto en una América sin fronteras geopolíticas. Exponía los restos humanos más antiguos del continente americano.

En la memoria del concurso afirmó que siempre había un nuevo mundo por descubrir. La propuesta de pabellón condensó la alta tecnología y lo vernáculo a la vez, un memorial para quien habita el siempre nuevo mundo.

La propuesta daba una especial importancia a la ceremonia de inauguración y a la ceremonia gastronómica en el restaurante del pabellón donde se servirían en una gran mesa colectiva productos procedentes de todos los estados del Brasil. Estos objetos culinarios hacen que el pabellón cobre sentido y se convierten en vertebradores de las relaciones sociales y el objeto expuesto.

Esta vertebración entre las relaciones sociales y el objeto es muy clara en los espacios de trabajo de las casas de Ray y Lina [Figs. 31 y 32].

Sus lugares de trabajo no solo ofrecían un escenario de sus viajes sino que servían de escenario para los viajes de amigos y conocidos que fueron muchos. Otro viajero incansable que acuñó el precioso término de autogeografía fue Saul Steinberg. Ray y Saul y

Lina y Saul compartieron sendos encuentros en sus casas, sus ciudades y sus mundos creativos.

Saul Steinberg, durante los meses que residió en Los Ángeles para trabajar en la película *Un americano en París* en 1950, mantendrá citas y encuentros sociales con los Eames y su círculo, a quienes había conocido previamente con motivo de la exposición *An exhibition for Modern Living* en el Instituto de las Artes de Detroit. Charles y Ray albergaban la idea de hacer una película sobre la obra de Steinberg y un día este los visitó en el 901 de Washington Boulevard. Cuando le enseñaron el estudio se quedó prendado con las sillas de fibra de vidrio que acababan de producirse. Dibujó en ellas las primeras figuras que luego continuaría en siguientes series. Un escenario profesional y doméstico transformado por las líneas irónicas del visitante [Fig. 33].

Un par de años más tarde, en septiembre de 1952, se inaugura en São Paulo la exposición del dibujante. El matrimonio Steinberg es recibido por Lina y su marido Pietro. Saul conocía a Lina de su época de estudiante en el Politécnico de Milán y junto a ella viajarán a conocer a Burle Marx en Río de Janeiro. Allí Lina junto a Saul y Hedda, su mujer, redescubrirán la belleza en los pequeños objetos metálicos, de

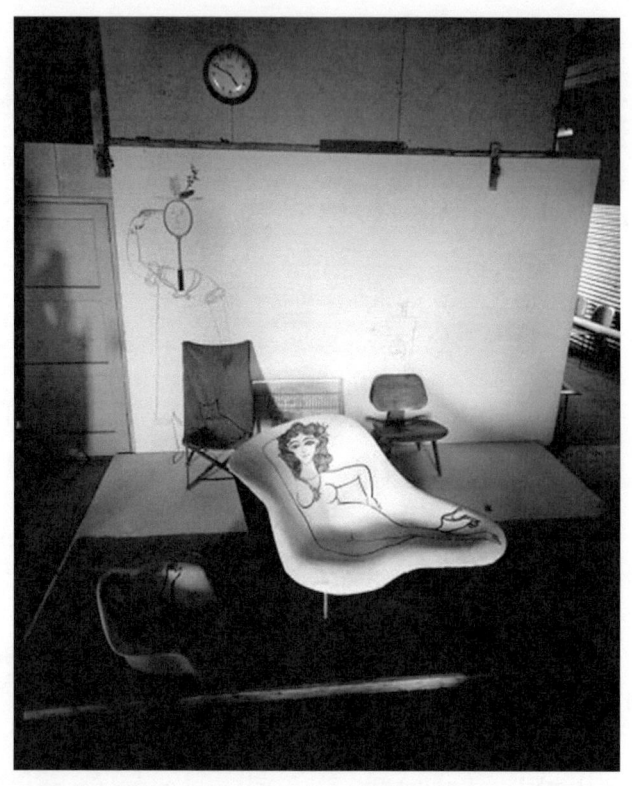

[33] Silla *Eames* personalizada por Steinberg, 1950.

madera local, en las cerámicas, en los tranvías abiertos, en los monumentos ecuestres y en los buitres
apostados en los márgenes de la carretera [Fig. 34].

En los días que pasaron en São Paulo cenaron
cada noche en la Casa de Vidrio desde donde presen-
ciaban una masacre de insectos en el bosque, tropica-
lizado por la misma Lina, que rodeaba a la vivienda.

La Casa de Vidrio, la *domus*, es una clara muestra de la idea que apuntábamos anteriormente por
la que su pensamiento creativo y libre hace, rehace y
deshace sus conceptos sobre lo privado y lo público.
Nuevamente se apunta el juego entre el museo y la
casa. En la memoria del pabellón de Sevilla de 1992
propuesto por Lina que describimos recientemente,
era denominado: museo-casa.

Ray protegió su figura mediante el diseño de
su vestimenta, un tipo de vestido utilitario a medio
camino entre los uniformes de trabajo y los trajes infantiles que encargaba a la oscarizada Dorothy Jen-
kins. Ray planificaba y diseñaba esa vestimenta para
todo el año. El corte y la tonalidad, su apariencia, se
mantiene con el paso de los años lo que convierte
a Ray en un objeto atemporal. A ello contribuye el
peinado que tampoco varió sustancialmente a lo largo de los años. En la India, en una recepción, en una

[34] Matrimonio Steinberg, Lina Bo Bardi y Burle Marx
visitando la casa de este último en el Retiro dos Bandeirantes
de Río de Janeiro, 1952.

sesión de fotos para *Times*, cocinando, trabajando en el estudio, Ray siempre vistió de manera similar huyendo de modas y tendencias [Fig. 35].

Las texturas que dibujó para el concurso del MoMA, *Circles y Crosspatch*, 1947, y la *Eames Dot Pattern* de 1949 mantienen la misma filosofía: un diseño básico, útil, bello, válido para cualquier época.

Ray, al igual que su padre —Alexander— que dedicó parte de su vida al diseño de joyas, cuidó al detalle su vestimenta gracias a los adornos que cambiaba a diario y en los que combinaba lazos y broches con formas de insectos, piedras naturales e incluso broches con formas de lazos. Quizá también tomó de su progenitor el amor por el teatro, los *picnics* familiares, las celebraciones festivas y las sesiones musicales. Ray participó durante su edad escolar en muchos rituales peculiares americanos. La apariencia de Ray era un reflejo de las dos conexiones voluntarias a la contemporaneidad: la modernidad y la todavía presente era victoriana.

Lina, durante los primeros años en Brasil, destacó por su elegancia luciendo modelos de reconocidos diseñadores como Christian Dior, un desconocido en aquellas latitudes. Protagonizaba frecuentes crónicas sociales en los periódicos del país. En 1951 promovió diversos eventos para actualizar la moda local, iniciando trabajos con Roberto y Luiza Sambonet para desarrollar una moda brasileña [Fig. 36].

Con el paso del tiempo Lina fue sustituyendo su vestimenta por prendas cómodas de vestir que le permitieran ir a las obras o realizar sus exploraciones por el Brasil más desconocido.

A Lina trataron de convertirla en un personaje por medio de su atuendo. Como también hiciera Ray con su peinado, Lina mantuvo durante años una larga melena que cubría parcialmente su rostro.

El prestigioso articulista de Río de Janeiro, Telmo Martino —columnista en el *Jornal da Tarde* de São Paulo entre 1975 y 1985—, ironizaba de manera reiterada sobre Lina Bo Bardi y su aspecto físico. Detrás de aquellos comentarios había una crítica hacia la obra bobardiana que él identificaba con una Bauhaus inquisitorial. El periodista le otorgó a Lina el sobrenombre de «la última admiradora de Verónica Lake».

Estos titulares del periodista carioca polemizaron en torno a ciertas aparentes contradicciones de la arquitecta. Una mujer vestida de alta costura de Dior que exponía en el MASP vestidos populares hechos con retazos. Un peinado similar al de la

[35] Charles Eames, Ray Eames, Dorothy Shaver y Edgar
Kaufmann, Jr., en la exposición *Good Design*, MoMA,
Nueva York, 1950.

[36] Lina en la inauguración de la exposición
Bahía no Ibirapuera, São Paulo, 1959.

actriz Verónica Lake, icono de los cuarenta en la Paramount Pictures, que más tarde entró en declive y que para Martino era semejante a Lina que gracias al MASP fue icono de los setenta y posteriormente se convirtió, en su opinión, en declive debido a su obra del SESC Pompéia.

Martino encontraba en Lina una paradoja entre lo moderno y lo popular y por ello la criticaba de manera insistente en sus ácidas columnas.

Lina, a pesar de ser objeto público constante, fue audaz con su vestuario al que sumó en aquellos setenta, ropa negra y pantalones de campana, lo que provocaba la burla de algunos paulistas que la comparaban con Elvis Presley. A su atuendo negro le superponía una pequeña estrella roja. También incorporó a su armario prendas orientales que traía de sus viajes como sofisticados kimonos que reservaba para los encuentros que realizaba en su Casa de Vidrio con artistas e intelectuales de múltiples procedencias.

Ray y Lina compartieron el papel femenino de propaganda de sus diseños no solo siendo modelos de sí mismas y de sus mobiliarios respectivos sino de los espacios en los que habitaron que se convertían, a su vez, en vitrinas que exponían los objetos que ellas mismas habían recolectado y acumulado. Disolvieron de manera radical pero con aspecto exterior naif las diferencias entre lo público y lo privado usando su propia imagen-objeto en sus casas-escaparates [Figs. 37-39].

Igualmente, cuando ellas se sentían felices, cuando las cosas marchaban bien, Ray y Lina se disfrazaban y así lo hicieron durante muchos años.

Para Lina la vida y la ciudad eran un teatro en el que la vida se desarrollaba. Al disfrazarse o disfrazar a otros, era otro el que se presentaba en ese teatro del mundo. A través del disfraz Lina combina y superpone historias. Y esas historias que son bellas y lúdicas, al superponerse, construyen su memoria [Figs. 40 y 41].

Ese teatro del mundo no deja de ser un tópico literario que explica que la sociedad, el mundo o la existencia misma se configuran como una pieza teatral. Desde Platón hasta la actualidad se ha recurrido a esta metáfora. En las décadas que nos ocupan, el teatro y todo lo que le rodea —la máscara, el disfraz, las sombras— adquieren un valor más. El teatro está preocupado por los grandes temas, pero también por los pequeños. En particular, la búsqueda del teatro de los setenta apunta esencialmente a encontrar

[37] Ray Eames jugando con su sombra en el
apartamento Strathmore en Los Ángeles,
a comienzos de los años cuarenta.

[38 y 39] Ray y Lina disfrutando de la gastronomía local durante sus respectivos viajes a Japón en 1962 (Ray) y 1978 (Lina).

una relación entre la vida privada y la pública. Es un juego de verdad y ocultamiento, una superposición de realidades, un intercambio de roles por el que el espectador pasa a ser actor y viceversa. Es un acercamiento equívoco, como lo es la propaganda que genera historias que a su vez encubre. Ray y Lina están cerca de esta superposición de realidades.

Al particularizar su retrato Ray se ocultó en una imagen cándida creada con lazos, broches y enormes bolsillos en sus faldas en los que recoger pequeñas cosas. Los bolsillos entre los pliegues de esas faldas ajustadas a la cintura son un manifiesto de la actitud ante la vida. Una mujer que hacía, que necesitaba objetos para realizar una labor manual y creativa: en ellos guardaba recuerdos. Su memoria se construía con objetos diseñados industriales, objetos artesanales recopilados en viajes y representaciones ceremoniales.

Aquellos objetos recolectados no eran una colección o decoración sin más. Ray explicaba que cada pieza era una muestra de alguna estrategia, de un procedimiento o de una decisión formal de diseño y merecía ser observada constantemente. También para Lina —recolectora de objetos desde niña— aquello que le interesaba de los «cachiva-

[40] Lina tras su caballete expositor en el MASP,
en la década de los setenta.
[41] Ray enmascarada tras una fotografía felina en 1971.

ches» se mantenía vivo en su memoria al habitar junto a ella.

Lina particulariza su retrato tras el cristal como si se tratara de la ventana surrealista. Brasil fue un disfraz que le dio la oportunidad de destruir de manera positiva los equívocos vitales para construir una nueva realidad. Tras el disfraz y tras la máscara puede existir una realidad múltiple y simultánea: el ser diverso. La simulación le permitió afrontar las contradicciones existentes entre la investigación sobre aspectos artísticos, arquitectónicos y de diseño, y el proyecto y ejecución de los mismos.

Ella operó a través del arte poniendo encima de la mesa los debates fundamentales que debían ser pensados. Estas discusiones y reflexiones vinieron en las décadas posteriores a su estancia en Salvador de Bahía entre 1958 y 1964. Incorporó a su propia mirada ciertos tópicos y exotismos, como haría posteriormente y en cierta manera el movimiento tropicalista.

Una materialización de esa mirada bobardiana son las ventanas-perforaciones del SESC Pompéia —diseñadas por la arquitecta— que son como telas tupidas y perforadas por la luz. Una alusión simbólica y real a la libertad técnica del hormigón que ella supo manejar, mención a la caverna, a los huecos de la arquitectura popular; como si se tratara de una ventana misteriosa hacia la ciudad. La ventana nos asoma a la memoria colectiva universal. También esta confusión que observa y es observada, que desaparece, pero sigue existiendo, como consiguen en nosotros los disfraces y las máscaras, son la esencia de Museo de Arte de São Paulo, MASP, que está y no en la ciudad, que se oculta y se muestra a la vez y que dialoga visualmente sin descubrirse por completo.

Años más tarde de la inauguración del MASP, en 1989, lejos del rechazo a un comunismo encarnado en rojas banderas, la estructura del museo fue pintada de rojo, de aquel rojo *vermelho* que brota del subsuelo brasileño. Toda la ciudad cambió entonces. Cuando el museo estaba siendo rehabilitado y fue cubierto de una enorme y perforada lona azul. Lina trató de dejarlo velado para ofrecer una nueva sorpresa a la ciudad. Aunque no fue así, proporcionó una muestra de cómo podían disfrazarse también las ciudades.

En cierta manera, al igual que los adornos indígenas brasileños —las pinturas, las máscaras o las plumarias— presentan en los nativos una transformación del cuerpo y del ser y representan la resis-

[42] Lina disfrazada con una maqueta
de barco en la cabeza, 1942.

tencia de las sociedades indígenas de Brasil contra todo lo que las oprime y amenaza. Para Lina, los adornos, las máscaras y los disfraces también son transformadores de quien los porta. Al llevar el collar de aguamarinas Lina no solo transforma su aspecto; se presenta de una manera diferente que además la transforma a sí misma. En el collar se representa su resistencia a las piedras preciosas: piedras contra brillantes [Fig. 42].

Resulta inspirador recordar que Lina Bo Bardi compartió muchas de sus inquietudes con Alexander Calder, al que conoció en São Paulo cuando este expuso en el MASP en 1948. Con él pudo colaborar en la realización de las joyas cariocas del escultor estadounidense. También pudo tener confidencias con el artista que visitó São Paulo varias veces sobre un tema que admiraban ambos, el circo. El dueño del *Circo más pequeño del mundo* compartió con Lina su aproximación a la arquitectura, que iba más allá de esta. Como Lina, Ray compartió su admiración por Alexander Calder, a quien conoció durante su época de estudiante en New York.

El espectáculo circense —del que tenemos conocimiento desde el Imperio Antiguo de Egipto— atrajo muy particularmente a muchos creadores del

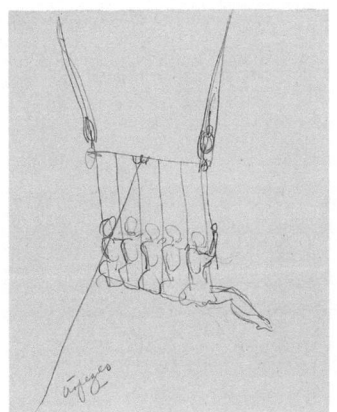 

[43 y 44] Dibujos de Ray del Ringling Brothers Circus Acts que se situó en New York's Madison Square Garden en 1938.

123

siglo XX: Picasso, Chagall, Portinari o Botero entre otros. En ellos el circo despertaba interés por diversos motivos: por ser temporal, porque en él se produce una relación lúdica entre animales e infancia, por tener un espíritu socializador y desacralizado y ser escenario de coreografías y acciones.

El circo es transportable y en él habita una sociedad nómada rica y colorida: el circo es el viaje, el evento que se mueve. El circo, además, puede entenderse como un lugar fuera de los límites permitidos. Podemos entender que, en cierta manera, el circo fue la forma de vida de Ray y Lina [Figs. 43 y 44].

En 1972 Lina proyectó y ejecutó un circo en São Paulo, el circo Piolín, que habitó el vano libre del MASP. El proyecto se dibujó con un trazo desenfadado pero cargado de intención. Resulta interesante recordar aquí que al viajar de Italia a Brasil Lina llevó consigo un cuadro de su padre, *Huida del circo*, que presidió su mesa de trabajo. En esta pintura los animales del circo se rebelaban y lo abandonan: eran libres.

En Brasil, además, el circo es el aliado del pueblo, una expresión de lo colectivo en la que todo puede suceder. También ella quería que en sus proyectos sucediese todo aquello que deseaban sus usuarios;

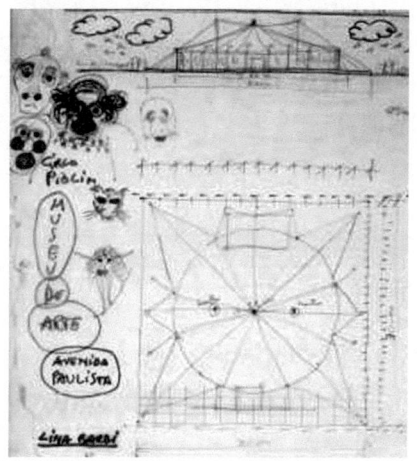

[45] Dibujos de Lina del circo proyectado bajo el MASP en 1972.
[46] Dibujo de la instalación del circo Piolín bajo el MASP en 1972.

la generosidad de sus espacios públicos, como el que hay bajo el museo, lo permitía. Espacios vitales y generosos, orientados a que todos usen aquello que con tanta dedicación has proyectado [Figs. 45 y 46].

En el circo, al igual que en el carnaval, se produce una curiosa retroalimentación por la que arte y vida se entremezclan y ese espíritu, por el que el museo es la continuación de la vida o la vida es entendida como un circo de pistas cambiantes, inunda las vidas de Ray y Lina.

Al proyectar, Lina era como una niña que jugaba a construir ciudades. Su obra será eternamente joven. Juega, se divierte y ese disfrute la dota de fuerza y de vida. Descubrió en lo divertido del circo un mundo nuevo. Para ella el circo era también un espacio para la libertad que encerraba misteriosamente sorpresas, sueños y fantasías.

Para ambas el circo escondía una suerte de ritual, una especie de iniciación en un mundo que simplemente no está permitido y que no puede ser. En sus vidas, las acciones esperadas, ensayadas o preparadas para realizarse, adquirieron una cualidad de belleza que vino de la adecuación a una situación dada hasta alcanzar el equilibrio. El concepto de adecuación tiene un carácter genérico, tiene igual valor en el circo, en la creación de una obra de arte y en la ciencia.

El circo, entendido como viaje, no admite segundas oportunidades. O atrapas lo que puedes, poco menos que al vuelo, o no hay nada que hacer. Cuando estás de viaje no puedes dejar nada para mañana. Todo es hoy o nunca, como la vida de Ray y Lina. El circo para Lina y para los Eames era una metáfora de su propio proceso creativo.

Esa fascinación de los Eames por el circo se demuestra en sus archivos fotográficos. Lina no fotografió circos de manera particular, pero sí carruseles (incluso abandonados) y parques de juegos que eran auténticos parques infantiles circenses como lo fueron muchos de sus diseños expositivos.

Un acto ceremonial era el que realizaban los Eames cada vez que el circo iba a la ciudad. Cogían sus cámaras y, junto a sus colaboradores, pasaban el día registrando todo aquello que les llamaba la atención. Ray narraba la fascinación que sentía por el circo que se mantuvo desde su juventud al final de su carrera. Pensaba que el trabajo en el circo debía ser maravilloso pero, desde luego, no es un trabajo divertido, es un trabajo arduo de hacer, con muchas restricciones [Fig. 47].

[47] Los Eames equipados con cámara ante la visita
del circo en la ciudad.

Ray Eames estudió y fotografió circos extensa-
mente. Incluso pintó elefantes circenses antes de que
estos formaran parte de sus diseños [ver figs. 43 y 44].

Los espectáculos, entre ellos el circo fascinaron
a Ray desde su infancia. El trabajo de su padre como
gestor teatral hizo que estuviera en contacto con las
bambalinas, los camerinos, los ensayos, la gerencia
y la promoción. De su padre también aprendió que
todo lo adquirido en una profesión o afición se podía
aplicar de manera teórica y práctica a otra. El circo,
la danza y la composición escénica junto al aprendizaje en moda y pintura forman parte del conjunto de
conocimientos que Ray transforma en diseño.

Un alto en el camino
El acto de sentarse

[48] Máquina *Kazam!* en el apartamento de Neutra
habitado por los Eames desde 1941 en Westwood, California.

Una de las enseñanzas de vivir el presente es saber que las cosas tienen su momento. Vivir el presente a veces implica cierto sedentarismo. Para Ray y Lina ese sedentarismo implicó claros momentos de cambio.

Ray decidió volver a California tras la muerte de su madre, en 1940, con el deseo de construirse allí una vivienda. Hizo un alto en el camino en Cranbrook por recomendación de un amigo, Bed Baldwin, para recibir clases prácticas en torno al diseño. Desde sus inicios como estudiante de arte estuvo interesada por la estructura como concepto. De hecho barajó estudiar ingeniería en la Cooper Union antes de unirse al grupo de trabajo de Hoffmann. La estancia en la escuela, que experimentaba como una unión de la arquitectura, el arte y el diseño, le pareció una excelente idea. Allí, como estudiante, participará junto a Eero Saarinen y a Charles Eames en el concurso que preparaban para el MoMA *The Organic Furniture*.

En este concurso Eero y Charles plantearon en el contexto americano los primeros pasos de una idea de diseño transformadora de la realidad mediante la técnica. El doble plegado de los laminados de madera que abarataría la producción en masa de los muebles orgánicos no era factible ya que no existían fábricas con la maquinaria necesaria para ejecutarlas. Había que desarrollar ese utillaje. Dicho y hecho. El matrimonio Eames abordó este desafío en sus primeros años de estancia en Los Ángeles mezclando disciplinas, escalas de trabajo, vida y profesión. Si en julio de 1941, de camino a la costa oeste, Ray recopiló plantas rodadoras del desierto y dibujó su silueta tratando de dar respuesta a sus inquietudes sobre la estructura orgánica de la naturaleza, seis meses más tarde, en su apartamento californiano y escondiéndose de sus caseros, construían en su salón la máquina *Kazam!* para el moldeado doble de la madera con la que realizaron los prototipos de sus primeras líneas de mobiliario, las famosas férulas para el ejército o esculturas [Fig. 48].

Ray siempre promovió a través de su propia praxis la confluencia del diseño industrial con otras disciplinas artísticas. Cuando en los años ochenta una joven estudiante le preguntó cómo se sentía por haber abandonado la pintura, contestó que nunca había dejado de pintar, simplemente había cambiado su paleta. Los principios rigurosos con los que afrontaba su pintura y que aplicaba al lienzo fueron los mismos que empleó en el resto de actividades artísticas. La diferencia radicaba en el proceso.

En 1942 una pieza escultórica realizada por ella con la técnica de plegado de madera ocupó la portada de la revista *Arts & Architecture*, una colaboración que duraría dos años y que nos deja una magnifica serie en la que se fusionan diseño y arte.

Experimentó en primera persona la acción de sentarse. Testó y registró los diversos artilugios que crearon para dimensionar el proceso de moldeado y montaje; además se fotografío fundiéndose con sus propios diseños una vez terminados y colocados de manera estratégica en diferentes escenarios domésticos [Figs. 49 y 50].

La Plyformed Wood Company, empresa con la que emprendieron a continuación la investigación y producción, les permitió explorar a la vez que desarrollaban una extensa labor productiva. La preocupación de los Eames por el diseño de una silla para el mercado de masas hizo que a finales de los años cuarenta cambiaran la manipulación de la madera laminada por el plástico. No por una cuestión de preferencia por un material u otro sino por una idea de adecuación. Consideraban que debía utilizarse un material, el adecuado, y de esa manera el diseño funcionaba. Este imperativo se resume en la expresión «*It's 'appropriate', it works*» (es ade-

135

[49] Ray fotografiada sobre el prototipo de sillón de Harry
Bertoia, 1944, que forma parte del proceso creativo
del sillón *Eames and Ottoman* en 1956.
[50] Lina fotografiada en su *Bardi's Bowl Chair*
para la revista *Interiors*, 1953.

cuado, funciona). Los Eames elaboraron esta idea de honestidad desde sus comienzos y la fueron refinando con el tiempo hasta convertirla en uno de los pilares de su diseño. Llevaban las propiedades de los materiales hasta sus últimas consecuencias. Pero no solo comprendían la honestidad como relativa a la dimensión ética sino que reconocían una dimensión humana y subjetiva ya que no existe una sola manera o procedimiento de hacer las cosas.

La Chaise que venían desarrollando desde el año 1948 y que presentaron al concurso del MoMA de mobiliario de bajo coste de 1950 marca el punto de partida de una serie de sillas que, como describen Alison y Peter Smithson, suponían un mensaje de esperanza de otro planeta.

Su trabajo como diseñadores fue reconocido de manera inminente y fueron reclamados desde fuera de los Estados Unidos para que asesoraran sobre cómo convertir el diseño en el motor productivo de escenarios recónditos como la India o Japón. En los viajes a estos países encontraron la excelencia del diseño. Los diseños tradicionales, sin importar su sofisticación o simplicidad, recogían de manera magistral la apropiación, la funcionalidad en sí mismos. Esta excelencia según los Eames debía ser reconocida y tratada con respeto [Figs. 51 y 52].

En 1953 la revista *Interiors* de Nueva York se interesa por la *Bardi's Bowl Chair*.

En 1957 ambas viajan a Nueva York. Podemos imaginar entonces un primer encuentro entre las protagonistas de nuestra historia.

La primera experiencia de Lina como diseñadora de muebles en tierras cariocas se pareció a la de su maestro Gio Ponti. Desarrolló un mobiliario moderno e industrial. El matrimonio Bardi y el arquitecto ítalo-brasilero Giancarlo Palanti fundaron en São Paulo la Fábrica Pau-Brasil que produjo un gran número de sillas, mesas, sillones, estanterías, sofás, luminarias y bancos hasta mediados de 1951. A pesar de que tuvo una vida corta, el Estudio Palma, estudio de arquitectura en el que los tres socios trabajaban de manera conjunta, fue considerado pionero en la producción del mobiliario moderno brasileño.

En 1949 Pietro María Bardi organiza una primera exposición sobre el arte popular de Brasil en el MASP con la idea simbólica de llevar los objetos de los mercados populares a la sala de un museo. Lina, como veíamos en su carta homenaje a las piedras, era una enamorada de coleccionar objetos

138

 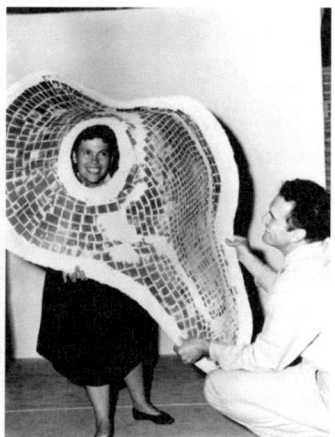

[51] Lina sentada en su *silla al borde del camino*, 1967.
[52] Charles y Ray jugando con el molde de *La Chaise*, a
comienzos de los años cincuenta.

139

pero, además, su amor por los objetos populares tenía un origen doble, europeo y brasileño. Por un lado en Italia se aproximó a los objetos artesanales, que se acercaban a la perfección en su producción. Por otro lado, Lina se planteaba la cuestión absolutamente contemporánea sobre dónde establecer los límites del arte y de la artesanía y su respuesta se consolidó tras su exploración del nordeste brasileño. Allí se fraguó su idea de que el objeto popular representa lo colectivo y no la personalidad de quien lo hace. Lo popular estaba en el objeto que presentaba y representaba a la tribu. Encontramos en estas ideas a Antonio Gramsci, del que Lina fue buena seguidora —de hecho fue la primera persona que habló en Brasil de este y tradujo sus textos de teoría política, sociología y antropología al portugués— que creía que la historia humana y la praxis colectiva determinaban la relevancia de cualquier cuestión filosófica.

Tras su exploración del nordeste del Brasil produjo un nuevo tipo de asiento considerando cuestiones como el clima, los modos de vida y la producción vernácula. Todas las piezas de este eran fabricadas con maderas lugareñas, cabreuva y jacarandá paulista, y telas naturales, sisal, atanado, cuero y taboa, resaltando siempre las tradiciones indígenas, africanas y campesinas del pueblo brasileño.

Este viaje le permitió reflexionar sobre la acción de sentarse y sobre el porqué de las acciones a través de las cosas.

Lina usó el diseño para explicar otros mundos con una perspectiva cercana a la antropología y así, a través del mobiliario de Cantú, elaboró documentos ubicados en escenarios profundos que pretendían desentrañar lo desconocido. Detectó que la población afrobrasileña equilibraba gracias a la postura del cuerpo la carga del material que transportaba a sus espaldas. Usó, tomando como ejemplo esta balanza con el cuerpo, la anatomía como herramienta creativa y popular en el diseño de muebles. Insistió en la condición móvil de la silla, como los nómadas del Brasil, que huyen de la sequía y la miseria, y viajan por el país en busca de un horizonte mejor (los *retirantes*) o, como ella misma, se desplazaban de un lugar a otro del país en busca de un lugar mejor para vivir.

En 1957 se presentó al concurso internacional en Cantú, Italia. No ganó. Los documentos presentados al concurso explicaban cómo la observación de una posición cómoda y primitiva del cuerpo humano desencadenó la idea de su propuesta. Una pieza móvil se adapta a la posición agachada, en cuclillas. A pesar de tratarse de un concurso italiano, al que se presentaron diseñadores de todo el mundo, Lina acompañó su propuesta con varios dibujos en los que representaba la universalidad de la forma ergonómica, muy usada —ella apuntaba— en las bellas haciendas de café de Brasil [Fig. 53].

En 1967 Lina vivía de nuevo en São Paulo. Había regresado de Bahía en 1964 y su deseo era no pertenecer a ningún lugar. Se autodefinía como una extranjera en cualquier parte. Para ella era muy bueno no ser presa de nada ya que consideraba que la libertad que esto comportaba era muy importante. Al sentirse errante por mundo, diseña la *Cadeira de beira de Estrada*, silla al borde del camino, una silla dispuesta a viajar con Lina y una suerte de extensión del cuerpo [ver fig. 51].

[53] Concurso Cantú (edición de 1957). Dibujo que contextualiza el origen brasileño (también universal) del mobiliario propuesto por Lina Bo Bardi.

La memoria
o cómo construirse
a sí misma mediante
los recuerdos viajeros

[54] Autorretrato de Ray a la edad de 16 años, 1928.
[55] Autorretrato de Lina a la edad de 17 años, 1931.

Una de las contribuciones más importantes de los Eames a la imaginería americana del siglo XX es el diseño de sí mismos. A este diseño contribuyen de manera enérgica sus fotografías.

Crearon todo un estilo de vida más allá de la creación de objetos. Construyeron un imaginario, que hoy en día ya es colectivo, de cómo esos objetos podían ser utilizados.

La vida que diseñaron se desarrollaba entre dos puntos. En uno estaba su nave estudio, el trabajo; en el otro estaba su casa.

El espacio taller y casa era en el que habitaban Ray y Charles; iban y venían y toda su cotidianeidad transcurría rodeada de las cosas que diseñaban y producían. Dónde vivían, cómo vivían, los objetos con los que se adornaban, la manera en que ponían la mesa, cuándo y dónde se sentaban a leer, todo, cada detalle, conformaba un mundo propio y ellos se movían continuamente en un ambiente creado ex-profeso por ellos para habitarlo. Con esto no intentaban impedir que el mundo exterior entrase a sus vidas; simplemente diseñaron el mundo en el que ellos querían vivir y cómo querían vivirlo [Figs. 56 y 57].

El 901 de Washington Boulevard en Venice, California, era un lugar lleno de pequeñas cosas, todas las que podamos imaginar. Había maquetas por todas partes. Dentro del garaje Ray tenía un espacio propio de trabajo absolutamente repleto, abarrotado de pequeños trozos de papel, diapositivas, notas. Era, en palabras de Tina Beebe, un «espacio dinámico [en el que Ray] movía alguna pequeña cosa y la volvía a mover otra vez», como si algo la inquietara, buscando una especie de perfección entre el espacio y las cosas que lo habitaban.

En la película *901: After 45 Years of Working* en la que se documenta el catálogo y traslado del estudio a los fondos de la Biblioteca del Congreso de Estados Unidos, se comprende cómo esa nave llena de objetos era un espacio tan interesante que merecía la pena ser conservado al menos de forma audiovisual. Al igual que los objetos que contenía, era en sí misma un museo [Fig. 58].

Si en la oficina de Ray cada objeto tenía el lugar perfecto, su casa era usada de igual manera. Su salón y su mesa de trabajo eran ambas un lienzo: la tabla, la pared, el suelo y el techo, superficies en las que pintar su vida. Y eran los viajes los que la proveían de objetos con los que componer esos cuadros.

En la última conferencia en la que Ray participó, en 1978 en Tokio, sus palabras reflexionan

[56] Los Eames revisando en su estudio (en su casa) el material para el cortometraje *Toccata for Toy Trains*, 1957.

[57] Sala gráfica en el 901 de Washington Boulevard.

sobre una vida dedicada al diseño, sobre los desafíos a los que ella se enfrentó y los que permanecían abiertos de cara al futuro. Comprendía que las innovaciones tienen efectos secundarios y por eso reclamaba prudencia en su aplicación. Defendió que la cultura tiene que contribuir a crear lazos globales de unión pero eso no quiere decir defender una cultura global unificada. Avanzaba la problemática y los posibles efectos que estos lazos globales traerían: la transformación de la idea de artesano, el concepto de bien hecho y el manejo de la información, cómo se almacena y se modela para que resulte útil.

En el caso de Lina, los viajes llenaban también la gran sala de vidrio de su casa de ideas que ella trasladaba a su arquitectura.

Olivia de Oliveira entrevistó a Lina en 1991. La recibió en la Casa de Vidrio hablándole con entusiasmo de Japón, de sus viajes a este país y de su admiración por el pueblo japonés, por su cultura y su modo de vida.

En la imagen de 1978, de Lina en Kamakura, la encontramos disfrutando de dos rituales: degustar un plato tradicional japonés y fumar. Maneja con la mano derecha unos palillos mientras sostiene un ci-

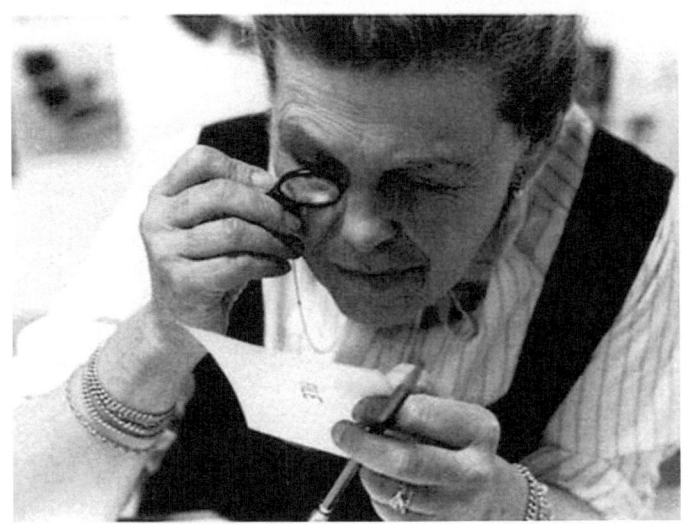

[58] Ray revisando material fotográfico.

garro en su mano izquierda. A su lado, un plato con gigantescas vieiras japonesas.

Este viaje resultó clave para ella. A partir de entonces la naturaleza participa aún más en sus proyectos como si fuera un material más. Hasta aquel momento su arquitectura trataba de recuperar la naturaleza perdida pero, tras este viaje, sus proyectos incorporaron los reflejos del agua, el ruido del viento, el movimiento de las nubes [Fig. 59].

Todo esto está en el SESC Pompéia, en su calle interior, en el solarium que protege el arroyo recuperado, en sus ventanas y sus materiales. También está presente en el teatro de esta *cidadela da liberdade*, ciudad de libertad, cercano a los espacios coreográficos del teatro japonés *Noh*. Un espacio para las artes escénicas brasileñas que incorporan el movimiento dentro y fuera de la sala de hormigón y madera. Incorporó también lo bello en el seno de la sombra.

Al igual que en el escenario de *Noh* —una de las formas más antiguas de teatro en Japón— el SESC Pompéia podría entenderse como un espacio para festejar de manera colectiva los logros de la vida, como la gran sala de la Casa de Vidrio por la que pasaron viajeros intelectuales, artistas, arquitectos de todo el mundo de paso por São Paulo, aquella en la que Lina trabaja por las noches mientras contemplaba descansar al resto de la ciudad.

Lina presumía de no tener una oficina permanente en la que pasar largas noches, tal y como los modelos de los maestros modernos proponían. Su mesa de trabajo estaba en su casa. La oficina la acompañaba a cada obra; su lugar de trabajo viajaba con ella.

No fue hasta los años ochenta cuando decidió construir una pequeña oficina en su jardín, la *cashina*, donde trabajarían sus colaboradores. Su construcción coincide con el momento en el que Bo Bardi comienza a datar su vida, sus trabajos y sus objetos.

Entre la Casa de Vidrio y la *cashina* Lina proyectará un camino y ese camino, cubierto por la naturaleza brasileña domesticada de su jardín, será el espacio que refleja su vida y su actitud.

Resulta evocadora la frase que Lina repetía en sus últimos años por la que afirmaba que, si volviera a nacer, solo coleccionaría amores, fantasías, emociones y alegrías [Fig. 60].

En las *autogeografías* de Lina Bo Bardi y Ray Eames recorridas en este ensayo cada uno de sus objetos es un manual de pensamiento. Como si se tratara de cartas geográficas que, más allá de los re-

[59] Lina Bo Bardi a su regreso de Japón en 1978.

[60] Mesa en la Casa de Vidrio; objetos personales
de Lina Bo Bardi. Fotografía tomada en 2007.

corridos concretos que ellas realizaron, exploran espacios desconocidos a través de los ojos de ambas. Su trabajo permite conocer infinidad de cosas atractivas para quien quiere comprometerse a observar el mundo. Ese es el sentido de entender la vida como viaje.

Según nuestro punto de vista, ambas fueron unas viajeras juguetonas que se acercaron audazmente a los límites de la modernidad, unas veces disfrazadas de arquitectas, otras de antropólogas, otras de diseñadoras, pero siempre como constructoras de objetos que trascienden lo formal para transformar el mundo con ironía, alegría y buen humor.

No aceptaron las estrictas reglas sociales que establecen límites entre lo público y lo privado; por ello sus mesas de trabajo personal se muestran como escaparates de lo que son y sus casas se abren al exterior para dejar que el exterior entre en ellas, como una vitrina de un museo que queda abierta para que el visitante explore su contenido. Ellas convirtieron sus mesas en un objeto donde exponer de manera voluntaria.

Al viajar, el horizonte de Ray y de Lina fue móvil, se desplazó constantemente. Sus viajes recorrieron lo que sucedía más allá de la arquitectura. Hicieron de esta no el destino sino el comienzo del camino.

Les interesaba la naturaleza profunda del ser humano que habitaba en los lugares recorridos. Para ellas humanizar implicaba saltar por encima de la modernidad para recuperar las historias eliminadas por esta de la memoria colectiva, siempre que dichas historias estuvieran activas. Eran historias particulares frente a la historia universal.

Construyeron un debate constante en torno a lo popular frente a lo industrial o lo moderno. Para ellas si los objetos perdían su significación se convertían en basura.

Las imágenes de las mesas cubiertas de objetos de Ray y Lina reflejan las herramientas creativas de estas coleccionistas de cosas e ideas sin límites geográficos.

Bernice Alexandra Kaiser y Aquilina di Enrico Bo, tras la máscara de Ray Eames y Lina Bo Bardi, jugaron a ese juego del saber igual que unas niñas que se divierten con todos aquellos juegos a los que las lleva su creatividad.

Sus mesas de trabajo, como si fueran circos domésticos, están rodeadas de paredes cubiertas de fotografías, letras con tipografías diversas, pequeños cuadros, mesas y estanterías arrebatadas de objetos minúsculos agrupados con intenso cariño, tejidos, flores secas, exvotos y animales fantásticos caminando por el suelo.

Este caleidoscópico exceso de objetos sintetiza una aproximación al mundo peculiar y único a la hora de acometer la práctica creativa, el laboratorio vital de Ray y Lina.

Viajaron, observaron, aprendieron y transformaron todo lo que las rodeaba para crear nuevos mundos devolviéndoles *bellas historias* que la modernidad había eliminado de la memoria colectiva. Para Ray Eames y Lina Bo Bardi el mundo era un lienzo enorme en el que pintar y este nuevo mundo creado por ellas fue su testimonio vital.

Bibliografía

ALBRECHT, Donald. *The Work of Charles and Ray Eames: A Legacy of Invention*. Nueva York: Harry N. Abrams Publications, 2005.

AA.VV. *L' Impasse del design. L'esperienza nel Nordest del Brasile*. Milán: Charta, 1995.

AA.VV. *Lina Bo Bardi*. Milán, São Paulo: Charta e Instituto Lina Bo & P.M. Bardi, 1994.

BO BARDI, Lina. «Uma aula da arquitetura». *PROJETO*, n. 133. Brasil, 1989, pp. 103-108.

BO BARDI, Lina (1957). *Contribuição Propedêutica ao Ensino da Teoria da Arquitetura*. São Paulo: Instituto Lina Bo e Pietro Maria Bardi, 2002.

BOWMAN, Ruth. *Oral history interview with Ray Eames, 1980 July 28-Aug. 20, Archives of American Art, Smithsonian Institution*. [Archivo online]. EE.UU.: [www.aaa.si.edu/collections/interviews/oral-history-interview-ray-eames-12821].

COHN, Jason; CURRY, Arwen; JERSEY, Bill; LACY, Susan; SERVAN-SCHREIBER, Camille (prod.). *Eames: The Architect & the Painter*. [Cinta cinematográfica]. Quest Productions, Bread & Butter Films, American Masters, WNET.org, EE.UU., 2011.

DAVOLI, Silvia; PARRINO, Francisca; BALOSSI, Andrea (prod.). *Oficina Bo Bardi*. [Cinta cinematográfica]. Italia, 2006.

EAMES, Demetrios; EAMES, Lucía (prod.). *901: After 45 Years of Working*. [Cinta cinematográfica]. Eames Office, EE.UU., 1990.

EAMES, Demetrios. *An Eames Primer*. Edición revisada.
Nueva York: Rizzoli International Publications, 2013.

INCE, Catherine; JOHNSON, Lotte. *The World of Charles and Ray Eames*.
Londres: Thames & Hudson, 2016.

KOENING, Gloria. *Eames*. Colonia, Madrid: Tashen, 2007.

LEPIK, André; SIMONE, Vera. *Lina Bo Bardi 100*.
Múnich: Architetur-museum der TU, 2014.

MARCHIS DE COSULICH, Roberta. *Lina Bo Bardi. Adornos de Lina Bo Bardi*. Disertación, Maestría en Universidad Presbiteriana Mackenzie, São Paulo, 2007.

MICHILES; Aurelio; GRINSPUM, Isa. *Lina Bo Bardi*. [Cinta cinematográfica]. Método, Brasil, 1993.

NEUHART, Marilyn; NEUHART, John. *The Story of Eames Furniture*.
Berlín: Gestalten, 2010.

OSTROFF, Daniel. *An Eames Anthology: Articles, Film Scripts, Interviews, Letters, Notes, and Speeches*. New Haven: Yale University Press, 2015.

RUBINO, Silvana; GRINOVER, Marina. *Lina por escrito. Textos escogidos de Lina Bo Bardi 1943-1991*. Ciudad de México: Alias, 2014.

Créditos de imágenes

Fig. 1. EAMES, Demetrios. *An Eames Primer*.
Nueva York: Rizzoli International Publications, 2013, p. 70.

Fig. 2. Autor desconocido. (1940). Acervo fotográfico. 02/01/2018,
de Instituto Lina Bo & P.M. Bardi. [www.institutobardi.com.br].

Fig. 3. FRAZIER, Hal. (2014). *Ray Eames at Art Center: An alum remembers the Modernist pioneer's commitment to inspiring the next generation of designers*. 03/01/2018, de Art Center. [blogs.artcenter.edu].

Fig. 4. BO BARDI, Lina. «Uma aula da arquitetura». *PROJETO*, n. 133.
Brasil, 1989, p. 64.

Fig. 5. NEUHART, Marilyn. *The Story of Eames Furniture*.
Berlín: Gestalten, 2010, p. 55.

Fig. 6. BO BARDI, Lina. *Instrumento de Pesquisa*.
São Paulo: Instituto Lina Bo e P.M. Bardi, (s.f).

Fig. 7. SERVA, Leão. «O caso das jóias de Lina Bo Bardi».
Folha de São Paulo, 29, 1987.

Fig. 8. EAMES, Demetrios. *An Eames Primer*.
Nueva York: Rizzoli International Publications, 2013, p. 92.

Fig. 9. BARDI, Pietro María. (1946). Acervo fotográfico.
02/01/2018, de Instituto Lina Bo & P.M. Bardi.
[www.institutobardi.com.br].

Fig. 10. Autor desconocido. (1946). Acervo fotográfico. 02/01/2018, de Instituto Lina Bo & P.M. Bardi. [www.institutobardi.com.br].

Fig. 11. Autor desconocido. (s.f.). Acervo fotográfico. 02/01/2018, de Instituto Lina Bo & P.M. Bardi. [www.institutobardi.com.br].

Fig. 12. NEUHART, John. *Eames Design*. Nueva York: Harry N. Abrams, 1989, p. 25.

Fig. 13. *Eames Lounge Chair debut.* (1956). Fotogramas. 02/01/2018, de *El hogar de Arlene Francis*, en la cadena NBC. [youtu.be/z_X6RsN-HFw].

Fig. 14. Autor desconocido. (2013). Timeline. 01/02/2018, de The Eames Foundation. [www.eameshouse250.org].

Fig. 15. INCE, Catherine; JOHNSON, Lotte. *The World of Charles and Ray Eames*. Londres: Thames & Hudson, 2016, p. 120.

Fig. 16. GÓMEZ, Silvia. (2014). «Lina Bo Bardi: 9 histórias sobre a arquiteta». 03/01/2018, de Casa.com.br. [casa.abril.com.br/profissionais/lina-bo-bardi-9-historias-sobre-a-arquiteta].

Fig. 17. DAVOLI, Silvia; PARRINO, Francisca; BALOSSI, Andrea (prod.). (2016). Fotograma. *Oficina Bo Bardi*.

Fig. 18. LATORRACA, Giancarlo. *Maneiras de Expor. Arquitetura Expositiva de Lina Bo Bardi*. São Paulo: Museu Casa Brasileira, 2014, p. 122.

Fig. 19. BO BARDI, Lina. «Bahia no Ibirapuera». *Domus*, n. 364. Italia, 1960, p. 34.

Fig. 20. ROGRIGUES, Mayra. (2008). *Exposições de Lina Bo Bardi.* 03/01/2018, de FAUUSP. São Paulo. [www.fau.usp.br/disciplinas/tfg/tfg_online].

Fig. 21. ALBRECHT, Donald. *The Work of Charles and Ray Eames: A Legacy of Invention.* Nueva York: Harry N. Abrams Publications, 2005, p. 185.

Figs. 22 y 23. MATHUR, Saloni. (2011). «Charles and Ray Eames in India». 03/01/2018, de *Art Journal.* [artjournal.collegeart.org].

Fig. 24. INCE, Catherine; JOHNSON, Lotte. *The World of Charles and Ray Eames.* Londres: Thames & Hudson, 2016, p. 244.

Fig. 25. Autor desconocido. (1945). Acervo fotográfico. 02/01/2018, de Instituto Lina Bo & P.M. Bardi. [www.institutobardi.com.br].

Fig. 26. INCE, Catherine; JOHNSON, Lotte. *The World of Charles and Ray Eames.* Londres: Thames & Hudson, 2016, p. 243.

Fig. 27. FERRAZ, Marcelo. (s.f.). Acervo fotográfico. 02/01/2018, de Instituto Lina Bo & P.M. Bardi. [www.institutobardi.com.br].

Fig. 28. BO BARDI, Lina. (1947). Acervo fotográfico. 02/01/2018, de Instituto Lina Bo & P.M. Bardi. [www.institutobardi.com.br].

Fig. 29. MCCOY, Richard. (2011). «Ray Eames Dress Designs». Photograph from Library of Congress. 03/01/2018, de *Art 21.* [magazine.art21].

Fig. 30. Autor desconocido. (1948). Acervo fotográfico. 02/01/2018, de Instituto Lina Bo & P.M. Bardi. [www.institutobardi.com.br].

Fig. 31. KOENING, Gloria. *Eames*. Colonia, Madrid: Taschen, 2007, p. 83.

Fig. 32. ACCIAVATTI, Anthony. (s.f.). «Charles and Ray Eames. The India Report for India's National Institute of Design NID. Ahmedabad, Gujarat, India. 1957 and 1961-present». 03/01/2018, de *Radical Pedagogies*. [radical-pedagogies.com].

Fig. 33. INCE, Catherine; JOHNSON, Lotte. *The World of Charles and Ray Eames*. Londres: Thames & Hudson, 2016. p. 168.

Fig. 34. SCHWARTZ, Sheila. (s.f.). *Chronology*. 03/01/2018, de The Saul Steinberg Foundation. [aulsteinbergfoundation.org].

Fig. 35. Autor desconocido. (1951). *Good design : November 22, 1950 to Good design : November 22, 1950 to January 28, 1951 : an exhibition of home January 28, 1951 : an exhibition of home furnishings furnishings*. 03/01/2018, de The Museum of Modern Art. [www.moma.org/calendar/exhibitions].

Fig. 36. LATORRACA, Giancarlo. *Maneiras de Expor. Arquitetura Expositiva de Lina Bo Bardi*. São Paulo: Museu Casa Brasileira, 2014, pp. 234-235.

Fig. 37. ZIMMERER, Kathy. (2014). «Ray Eames». 03/01/2018, de *Visual Arte Source*. [www.visualartsource.com/index.php?page= editorial&pcID=36&aID=2163].

Fig. 38. Autor desconocido. (1962). Ray Eames in Japan. 03/01/2018, de Library of Congress. [www.loc.gov/item/2014647750].

Fig. 39. Autor desconocido. (1978). Acervo fotográfico. 02/01/2018, de Instituto Lina Bo & P.M. Bardi. [www.institutobardi.com.br].

Fig. 40. BO BARDI, Lina. (1947). Acervo fotográfico. 02/01/2018, de Instituto Lina Bo & P.M. Bardi. [www.institutobardi.com.br].

Fig. 41. INCE, Catherine; JOHNSON, Lotte. *The World of Charles and Ray Eames*. Londres: Thames & Hudson, 2016, p. 115.

Fig. 42. Autor desconocido. (1942). Acervo fotográfico. 02/01/2018, de Instituto Lina Bo & P.M. Bardi. [www.institutobardi.com.br].

Fig. 43. EAMES, Ray. (1938). Boceto de cinco mujeres columpiándose en un trapecio. 03/01/2018, de Library of Congress. [www.loc.gov].

Fig. 44. EAMES, Ray. (1938). Boceto de payaso y elefante. 03/01/2018, de Library of Congress. [www.loc.gov].

Fig. 45. BO BARDI, Lina. (1972). Acervo dibujos. 02/01/2018, de Instituto Lina Bo & P.M. Bardi. [www.institutobardi.com.br].

Fig. 46. BO BARDI, Lina. (1972). Acervo dibujos. 02/01/2018, de Instituto Lina Bo & P.M. Bardi. [www.institutobardi.com.br].

Fig. 47. NARGESS. (2016). «The World of Charles and Ray Eames». 03/01/2018, de *Design Talks*. [www.d-talks.com].

Fig. 48. INCE, Catherine; JOHNSON, Lotte. *The World of Charles and Ray Eames*. Londres: Thames & Hudson, 2016, p. 25.

Fig. 49. INCE, Catherine; JOHNSON, Lotte. *The World of Charles and Ray Eames*. Londres: Thames & Hudson, 2016, p. 48.

Fig. 50. BO BARDI, Lina. (1953). Acervo fotográfico. 02/01/2018, de Instituto Lina Bo & P.M. Bardi. [www.institutobardi.com.br].

Fig. 51. Autor desconocido. (1967). Acervo fotográfico. 02/01/2018, de Instituto Lina Bo & P.M. Bardi. [www.institutobardi.com.br].

Fig. 52. EAMES, Demetrios. *An Eames Primer*. Nueva York: Rizzoli International Publications, 2013, p. 262.

Fig. 53. BO BARDI, Lina. (1957). Acervo dibujos. 02/01/2018, de Instituto Lina Bo & P.M. Bardi. [www.institutobardi.com.br].

Fig. 54. EAMES, Demetrios. *An Eames Primer*. Nueva York: Rizzoli International Publications, 2013, p. 62.

Fig. 55. BO BARDI, Lina. (1931). Acervo fotográfico. 02/01/2018, de Instituto Lina Bo & P.M. Bardi. [www.institutobardi.com.br].

Fig. 56. OSTROFF, Daniel. *An Eames Anthology: Articles, Film Scripts, Interviews, Letters, Notes, and Speeches*. New Haven: Yale University Press, 2015, p. 290.

Fig. 57. NEUHART, Marilyn. *The Story of Eames Furniture*. Berlín: Gestalten, 2010, p. 27.

Fig. 58. NEUHART, Marilyn. *The Story of Eames Furniture*. Berlín: Gestalten, 2010, p. 62.

Fig. 59. Autor desconocido. (1978). Acervo fotográfico. 02/01/2018, de Instituto Lina Bo & P.M. Bardi. [www.institutobardi.com.br].

Fig. 60. KON, Nelson. (s.f.). «Bardi, Lina Bo - Móveis e Objetos». 03/01/2018, de Nelson Kon fotografias. [www.nelsonkon.com.br].

Este libro se terminó de imprimir
en Madrid, en mayo de 2025